“十三五”高

商务礼仪与沟通

（第3版）

主　编　王　艳　曾　虹
副主编　柯梦南　王　瑾

中国财经出版传媒集团
中国财政经济出版社

图书在版编目（CIP）数据

商务礼仪与沟通 / 王艳，曾虹主编．-- 3 版．-- 北京：中国财政经济出版社，2021.6（2023.7重印）
"十三五"高等职业教育规划教材
ISBN 978 -7 -5223 -0549 -3

Ⅰ.①商… Ⅱ.①王… ②曾… Ⅲ.①商务 - 礼仪 - 高等职业教育 - 教材②商业管理 - 公共关系学 - 高等职业教育 - 教材 Ⅳ.①F718②F715

中国版本图书馆 CIP 数据核字（2021）第 096169 号

责任编辑：王 芳　　责任校对：胡永立
封面设计：孙俪铭　　责任印制：党 辉

中国财政经济出版社 出版

URL：http：//www. cfeph. cn
E - mail：cfeph@ cfeph. cn

社址：北京市海淀区阜成路甲 28 号　邮政编码：100142
营销中心电话：010 - 88191522
天猫网店：中国财政经济出版社旗舰店
网址：https：//zgczjjcbs. tmall. com
北京密兴印刷有限公司印刷　各地新华书店经销
成品尺寸：185mm×260mm　16 开　11 印张　265 000 字
2021 年 6 月第 3 版　2023 年 7 月北京第 2 次印刷
定价：42. 00 元（含配套教学资源库）
ISBN 978 - 7 - 5223 - 0549 - 3
（图书出现印装问题，本社负责调换，电话：010 - 88190548）
本社质量投诉电话：010 - 88190744
打击盗版举报热线：010 - 88191661　QQ：2242791300

前言

商务礼仪不仅是一种技巧、一种学问，更是一种品格。在商务活动中，商务礼仪不仅能塑造良好的个人形象和企业形象，还是人际关系的润滑剂、企业利润的无形创造者。随着社会分工的不断细分，员工商务礼仪、商务沟通能力、商务谈判能力在各个行业体现出越来越重要的作用。在激烈的市场竞争背景下，产品间的差异化已经越来越小，人们逐渐发现商务礼仪、商务沟通和商务谈判的能力的差异化将直接影响企业的生存和发展。

本书糅合了主编近 16 年在企事业单位的培训经验和教学经验，联合多家职业院校专业教师和企业单位合作编写而成。本书遵循实用、适用、好用、管用的原则，自 2012 年出版以来，进行了两次修订，内容不断与时俱进。在第 3 版中，补充和完善了商务形象礼仪、商务社交礼仪、求职面试沟通、营销沟通、管理沟通、交易会谈判、一般货物买卖谈判、合同索赔谈判等情景中的内容，增加了用二维码扫码的形式观看拓展阅读和短小精悍小视频的功能，更换了生动形象的插图，为读者提供了阅读便利。

本书由长期从事商务礼仪、商务沟通、商务谈判教学研究工作的中青年教师，及企业实践专家参与教学内容的编写与审定。

本书由嘉兴职业技术学院、杭州科技职业技术学院、嘉兴恒硕进出口有限公司、浙江英卡顿网络科技有限公司等单位参与修订。本书的第一主编嘉兴职业技术学院王艳老师主持修订了所有的章节，第二主编曾虹老师参与了课程配套公众号教学文章的编写，副主编柯梦南老师、王瑾老师参与了短视频的录制，杭州科技职业技术学院白春柳老师、嘉兴市恒硕制造有限公司董道高总经理、浙江英卡顿网络科技有限公司祝万青参与了短视频的录制和内容的修订。主要分工如下：本书的文字部分由王艳老师负责修订，本书的短视频由柯梦南老师、王瑾老师、董道高总经理和祝万青总经理负责拍摄，本书的拓展阅读由王艳老师、曾虹老师撰写，最后由王艳老师统稿。

为修订这本新业态教材，全体人员深入企业调研，制作脚本、拍摄微课、撰写小短文，顺应商贸行业形势变化增减内容，付出了辛勤的汗水。在修订过程中集采众家之说，参考颇多，在此深表谢意。我们也感谢诸位同事及兄弟院校和相关企业的鼎力相助，使本书得以面世。

我们衷心希望本教材能够助力您提升自身的商务素养。限于水平、时间等诸多原因，教材中难免存在疏漏与不妥之处，敬请读者批评指正，以便在下次修订时完善。

主编　王艳

2021 年 3 月

目 录

第一部分

商 务 礼 仪

1 学习情景一 商务形象礼仪

情景任务

在商务活动中，个人的仪态礼仪对于打造个人形象、塑造企业文化、提升全社会文明程度具有重要意义。通过本模块的学习，学生能够在职业场合正确地运用体态及表情传达对他人的礼貌和尊敬；能将礼仪规范与日常行为养成相结合。

学习子情景一　仪容礼仪

一、知识导入

形象礼仪心理学

小知识

➢晕轮效应

当我们观察别人时，对对方的认知和判断往往只从局部出发，由局部扩散得出整体印象，即常常以偏概全。

➢首因效应

首因是指当人们第一次认知客体时，在大脑中留下的“第一印象”。首因效应是指个体在社会认知过程中，通过“第一印象”最先输入的信息对客体以后的认知产生的影响作用。第一印象的形成一般是在 7 秒左右。

➢近因效应

近因效应，指的是在交往的过程中最近一次接触给人留下的印象对社会知觉者的影响作用。

➢**定型效应**

在交往观察中，凡对象属于同一类型，便用这一类人的共同特点去理解他们，这种现象叫做定型效应，亦称社会刻板印象。

因此，了解如何通过塑造好形象去打造良好的第一印象非常重要。

二、知识准备

（一）仪容仪表的概念

仪容主要是指一个人的容貌。仪表指人的外表，包括容貌、姿态、风度等。为了保持美好的容貌形象，除了要注意仪表卫生，养成良好的卫生习惯外，还要注意五官的修饰和适当的发型衬托。

视频：浅谈职业妆容的重要性

（二）卫生礼仪

个人仪容卫生，不仅是指人们应勤洗澡、刷牙、修剪指甲，还应注意头发、牙齿、鼻毛、胡须、腋毛、指甲、体味、体声等方面。

1. 头发的要求。

要遵循“三不”原则：不能有味、不能出绺、不能有头皮屑。男生刘海不能及眉，头发不能及耳和衬衫。男生头发建议每天清洗。女生发型宜干净、干练。刘海不能超过眉毛。女生长发建议隔天清洗，短发建议每天清洗。

2. 牙齿的要求。

坚持“三三”制，每日三餐后的三分钟内要漱口。在出席社交场合前不能吃或少吃带有强烈气味或不宜消化的食品，例如韭菜、大蒜、臭豆腐、豆制品等物。

3. 鼻毛、胡须、腋毛。

男士在日常生活中，尤其是出席社交场合中要注意修剪鼻毛和胡须，以保持面部的清洁。女士在夏季，尤其在穿着无袖服装出席社交场合前要注意对腋毛的清理。

4. 指甲。

在正式场合，要保持指甲的适度修理。有人习惯将小指指甲留长，有的女士将指甲涂抹得过分鲜艳，有的人当众剪指甲，这些都是不良举止，应加以修正。

5. 体味、体声。

要保持体味和口味的清新。咳嗽、打喷嚏时，应用手绢捂住口鼻，面向一侧，避免发出大声，并道“对不起”。不随地吐痰，培养良好卫生习惯。

（三）化妆礼仪

1. 化妆的比例原则：三庭五眼瓜子脸。

对于面部的审美，一直以来人们都有个标准，即是否符合三庭五眼。面部五官的布局和谐了，才是真正的美。如果比例不完美，则需要考虑通过对应的化妆方法予以改善（见图1－1）。

视频：化妆礼仪

三庭五眼的划分：在双眉弓处作一条水平线，通过鼻翼下缘再作一条水平线，这样的两条水平线将面部划分成横向三等分，即：上1/3为发际线至眉间连线；中1/3为眉间连线至鼻翼下缘；下1/3为鼻翼下缘至下颏下缘。上、中、下刚好分成三等分。五眼的划分：外眼角至发际缘应是一个眼睛的宽度，两内眼角之间应是一个眼睛的宽度，另一侧的外眼角至发际线也应是一个眼睛的宽度。这样纵向划分面部刚好是五只眼睛的宽度。

凡按照“三庭五眼”的比例画出的人物脸型都是和谐的。理想的瓜子脸完全符合这一比例。

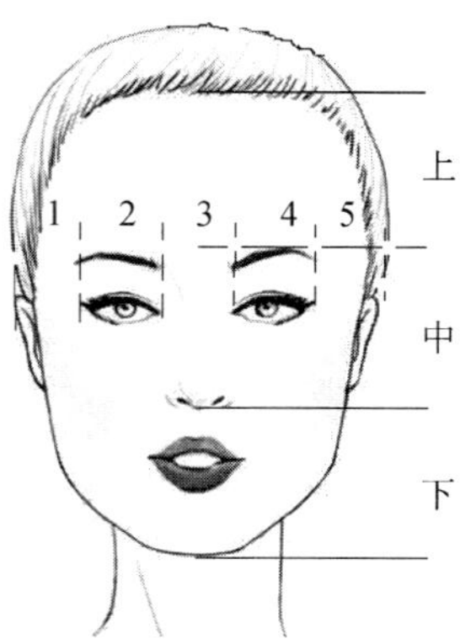

图1－1　化妆比例图

2. 粉底使用技法。

涂抹整个面部的粉底需要使用1颗樱桃大小的量。诀窍是用中指和无名指取出少量，分别点在双颊、额头、鼻头和下巴5个部位，然后用指尖快速轻柔地匀开（见图1－2、图1－3）。

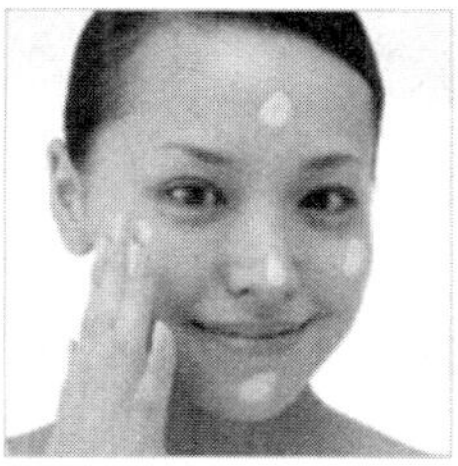

图1－2

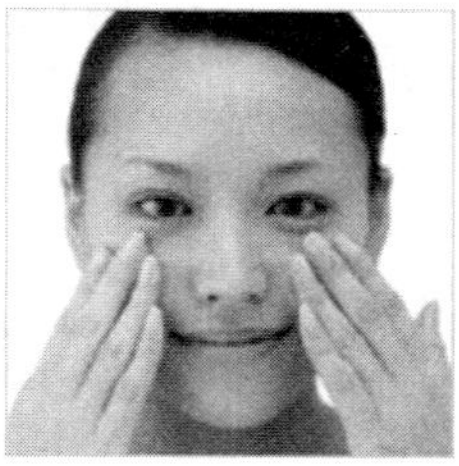

图1－3

妆前的基础霜若是浮在肌肤表面，会造成粉底涂抹不均。为了避免出现这样的问题，涂抹完毕后可用掌心轻按整个面部，使妆前基础霜充分融入肌肤。眼部和唇部周围也同样用指尖轻按，使其渗入肌肤。

3. 基本的修眉画眉技巧及眼妆的步骤（见图1－4）。

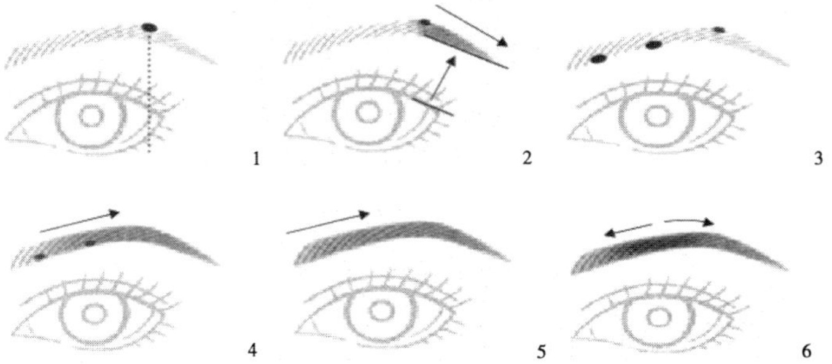

图1－4

基本的修眉技巧如下：

（1）正向面对镜子，将笔刷平放在两眉上方，检查两边眉峰的高度，如果两边高度差别超过0.3厘米，才需要修眉峰。初学修眉时，不建议修整眉峰，因为会很容易破坏掉完整眉形。

（2）先将眉眼间的大范围杂毛用安全剃刀剃除。

（3）用眉夹拔除靠近眉毛处的细小杂毛，拔的时候要夹紧根部，顺向拔起。注意只要慢慢拔除边缘的杂毛即可，拔太多会让眉形产生空隙。尽量少用眉夹，否则会使眼部皮肤松弛。

（4）利用眉梳或眉刷，由眉头向眉峰梳顺。眉峰到眉尾的眉毛要往下梳。

（5）利用弯型剪刀，把梳整过后的眉毛边缘修剪出整齐的弧线。如果眉毛太长，可用眉梳将眉毛挑起后剪短。将眉毛与发际之间的汗毛、眼尾部分的杂毛、眉间多余的眉毛剃除干净。

基本的画眉技巧及步骤如下：

（1）先把眉粉刷在手上，刷掉多余的眉粉。

（2）从眉毛中间到眉尾均匀刷几下，把眉粉涂在眉毛上，最后刷眉头，淡淡的眉头才会自然。眉头不能画得很重，否则会显得心机重。

（3）用眉梳梳理一下，不要太用力把眉粉刷掉。

（4）除了眉头之外，全部用眉笔涂抹，避免先把眉头涂得很重。

（5）用镜子看一下左右眉毛的高度和颜色的深浅是否一致。

眼部的妆容步骤，一般是先画眼影，然后画眼线，最后是睫毛膏。不同的顺序有不同效果。

各种颜色眼影在不同社交场合下作用不同，应注意应用。

各种颜色眼影的作用 小知识

1. 棕色：易于肤色协调，大方自然，不很精彩，但不易出错。为中性色调眼影。

2. 淡红色：柔和、妩媚，强调眼睛明净可爱，属明亮色调眼影。不过不适合眼部稍肿的女性。

3. 紫色：具神秘感，可增加眼部媚态、高贵、冷傲感，适合皮肤较白的女性。肤色发黄、黯淡的女性应慎用。属于深色调眼影。

4. 蓝色：可做装饰色彩，只作点缀，不作大面积使用，属于跳跃色眼影。

5. 黄色：可做装饰色彩，较易适用，属柔和色明亮眼影。

6. 绿色：表现年轻、朝气、清新感，适于小面积点涂，属跳跃色中性色眼影。

4. 化妆的其他注意事项。

（1）切忌在公共场合整理自己的仪容，女性当着他人的面化妆或补妆都是非常不雅观的行为。在就餐时，即便是只有女性在座，在餐桌上补妆也是极为不礼貌的。在办公室亦不宜在自己的座位上补妆，哪怕是简单的扑粉底。应该等休息时间到化妆室或洗手间补妆。补妆的动作要快，几分钟内解决问题。长时间占据洗手间内的镜子和面池，孤芳自赏，会影响他人使用，同样是让仪态失分的地方。

（2）不可随意使用他人的化妆品，即使是关系很亲密的朋友。每人的化妆盒都具有隐私性，隐藏着各自的喜好和习性，随意使用他人的化妆品，等于侵入他人隐秘的私人空间，是非常不礼貌的行为。而且，直接接触皮肤的化妆品、化妆用具最易带上细菌，出于对健康的考虑，也不应使用他人的化妆品，以免传染皮肤病。

（3）让自己的化妆用品保持清洁。所携带的化妆用品应该有条理地放在化妆包内，以便从容地取出使用。如果化妆包里乱七八糟，取出的粉刷、粉饼、唇刷、眉刷等化妆工具都是脏兮兮的，一则有碍健康，二则透露出化妆包的主人生活作风粗俗、生活品质不高，缺少起码的化妆常识。

（四）发型设计

1. 女士发型。

（1）发型与发质类型要相配（见表1-1）。

表1-1 发型与发质类型相配表

发质	不宜发型	适宜发型	优势
细软发质	直发	斜外卷式刘海	轻盈活泼，增加立体感
粗硬发质	短发	过肩长发，稍向内卷	下垂感
头发稀疏	长发	大波浪	弹性，立体感
头发稠密	复杂发型	简单发型，长发，独辫	简单清爽

（2）发型与脸型要相配。

椭圆形脸（鸭蛋脸、瓜子脸）：任何发型都适合。

圆形脸：额前的头发应该梳高，不要让过长过齐的发帘遮住额头，两侧的头发不要过于蓬松。

方形脸：发型应遮住脸型棱角，使脸型趋于圆润。可将方阔的额头用头发遮住，两侧的头发宜稍长并且烫一下，以曲线美掩盖方形的欠缺。

长形脸：发帘不要往上梳，可以适当用“刘海”掩盖前额。年轻人可留齐发帘。头发宜卷曲，两侧的发角外翻，使脸型丰满一些。

正三角形脸：发型应尽可能增加额头两侧的头发厚度。采用侧分，使头发掩盖尖窄的额头，头发不要向后背梳。

倒三角形脸：发型应尽可能掩盖过宽的额头，以增加下脸部的丰满度。

（3）发型与身材。

高瘦型体型的人容易给人细长、单薄、头部小的感觉。要弥补这些不足，要求发型生动饱满，避免将头发紧贴头皮，或将头发搞得过分蓬松，造成头重脚轻。一般来说，高瘦身材的人比较适宜于留长发、直发。应避免将头发削剪得太短薄，或高盘于头顶上。头发长至下巴与锁骨之间较理想，且要使头发显得厚实、有份量。

个子矮小的人给人一种小巧玲珑的感觉，发型应以秀气、精致为主，避免粗犷、蓬松，否则会使头部与整个形体的比例失调，给人产生大头小身体的感觉。身材矮小者不适宜留长发，因为长发会使头显得大，破坏人体比例的协调。烫发时应将花式、块面做得小巧、精致一些。盘头会显得身材高挑。

高大型体型给人一种力量美，但对女性来说，缺少苗条、纤细的美感。为适当减弱这种高大感，发式上应以大方、简洁为好。一般以直发为好，或者是大波浪卷发。头发不要太蓬松。总的原则是简洁、明快，线条流畅。

矮胖者显得健康，要利用这一点造成一种有生气的健康美。譬如选择运动式发型。此外应考虑弥补缺陷：矮胖者一般脖子显短，因此不要留披肩长发，尽可能让头发向高度发展，显露脖子以增加身体高度感。发型应避免过于蓬松或过宽。

2. 男士发型。

在竞争激烈的职场环境中，职业男士若要成功就必须要有成功的商务交往，因此外表形象相当重要，无论是装扮还是发型，都不能过于花俏夸张。得体而大方的装扮，会增加客户和领导们的信任，不经意间影响到自身的人际关系或事业前途。以下我们介绍几款较受欢迎的职场男士发型。

（1）短刘海型。在修剪时很注重发型细节，蓬松而自然感的刘海也刻意营造出凌乱感。注重头发层次感的制造，才会更精神。

（2）简洁大方、自然型。此款发型的特点是，顶部头发较长，向前披垂，形成稀疏自然的发帘，两侧和后部头发向上轧剪，形成自然层次。整个发型线条柔和，发丝平服。

（3）干净利落的短发型。这种发型很好地修饰了脸型的轮廓，让男性阳刚的脸型更加凸显，体现不可抗拒的男性独特魅力。

（4）自信从容型。蓬松而不易觉察的波浪，大而流畅的发型弧度，洋溢着自信与从容。将发型打理得如此自然又有风度的男人，给人以一向惯以大事为重、成熟稳定的印象。

（5）成熟稳重的绅士型，在工作等正式场合，呈现出专业品位。撩起刘海的复古绅士发型，梳理整齐，将刘海向上推，使头发形成向上隆起的样子，使之具有丰满圆润的感觉。这种发型是成熟男性的选择。

三、任务演练

1. 判断下列发型是否适合相应脸型（见图1－5）。

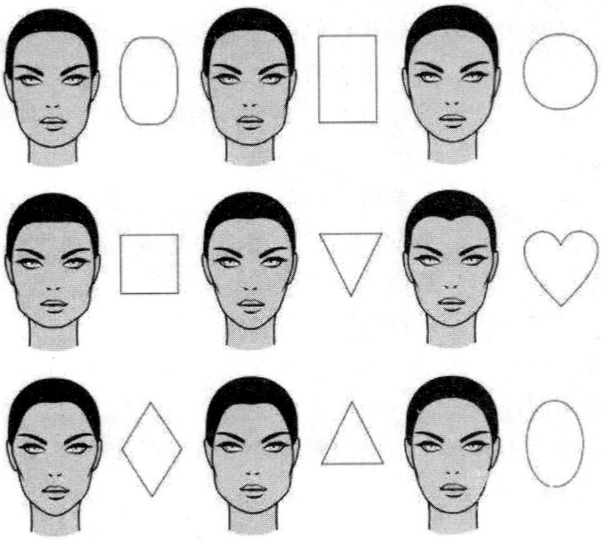

图1－5

2. 请判断下列发型与身材如何匹配（见表 1－2）。

表 1－2　　判断发型与身材如何匹配

身　材	不适宜	适　宜
高瘦型	短发、盘发	长发、直发、大波浪卷发
矮小型	超短发、盘发	披肩发
高大型	蓬松式	短直发、大波浪卷发、盘发
矮胖型	运动式、盘发	披肩发、蓬松的发式

四、能力拓展

1. 假设你是一名发型师，请为以下六位不同脸型的女士设计一款合适的发型（见图 1－6）。

图 1－6　设计发型

2. 根据职业化妆的特点，为自己的同学化妆，并进行自我点评和教师点评。

简单化妆步骤提示：

（1）利用水润清透的 BB 霜打造精致肌底。

（2）选择蜜粉定妆。

（3）准备一个五色系眼影盒。

（4）先在整个眼窝以白色眼影打底，再用浅色眼影轻轻晕染在整个眼窝处，选择深色眼影在眼尾处以倒三角形制造深邃感。

（5）选择眼影在下睫毛根部晕染出大眼效果，在眼头刷上白色眼影，提亮眼部。

（6）用水性眼线笔在整个眼睛周围画上眼线。注意眼角处不要画。

（7）在上下睫毛处粘上假睫毛。

（8）在颧骨处刷上腮红。

（9）用唇膏打底。

（10）利用唇彩覆盖住双唇，制造水润精致唇色。

学习子情景二　仪表礼仪

一、知识导入

职场仪表礼仪的重要性

小知识

中国有句谚语："人靠衣妆马靠鞍"，还有"佛要金装，人要衣装"。如果你希望树立良好的形象，就需要全方位地注重自己的仪表。对衣着、发式、妆容、饰物和仪态甚至指甲都要关心。其中，着装是最为重要的，衣着在某种意义上表明了你对工作、对生活的态度。

衣着对外表影响非常大，大多数人对他人的认识，都是从其衣着开始的。特别是对商务人士而言，衣着本身就是一种"武器"，它反映出个人的气质、性格甚至内心世界。一个对自身形象不在意的人，在业务竞争中也多半没有拼搏赢取之心。

上班时，你选择穿什么样的衣服呢？所穿着的衣服是否一成不变？作为一名职业人，你是否尝试过多种不同的造型？请让踏进办公室的自己，既清爽又知性，或看起来格外耀眼、舒服！

作为职业人，依场合、人物、事件对衣服进行搭配是常有的事情，也是必须做到的。有些场合要表现出亲切，着装应大方朴实；与客户谈事情时，需要穿得精明干练，才能博得对方信任；与文艺界人士聚会时，最好穿得时尚潮流，富有人文气息；工作时衣着除了轻便外还应考虑专业权威性……

二、知识准备

（一）仪表的概念

仪表是指一个人的外表，它包括人的形体、容貌、健康状况、姿态、举止、服饰、风度等方面，是个人举止风度的外在体现。仪表不整洁是不礼貌的行为，也是不尊重自己的表现。仪表美与仪容美紧密相连，其基本要求是整齐洁净。本节主要讲解仪态礼仪的重要部分——服饰礼仪。

视频：自我体型分析

（二）服饰礼仪

服饰包括服装和饰品。服饰是一种文化、一种文明，是一个人的身份、气质、内在素质的无言介绍。它是仪表美的重要组成部分。对一个人的第一印象常常来源于衣着打扮。

视频：发型与服装搭配

1. 着装的协调。

首先，穿着要和年龄相协调，符合年龄特征。少年的服装可以色彩鲜艳、活泼可爱；青年人穿着可以色彩丰富、样式时尚；中年人则应注重成熟的韵味；老年人穿着宜干净、稳重。其次，穿着要和形体相协调，尽量掩盖自己的缺点。身材比较胖的人应多选择冷色调、暗色调和竖条图案的服装；身材偏瘦的人应多选择亮色调和横条、格子、大花图案的服装。再者，穿着要和职业相协调。有些职业对着装有一定的要求，比如商务着装应典雅、庄重、保守、规范。

2. 着装的“TPO”原则。

穿着要符合“TPO”原则。TPO 原则是指人们的穿着打扮要兼顾时间（Time）、地点（Place）、场合（Occasion）并与之相适应，这是世界通行的着装打扮的基本原则。一是与时间相适应。着装要富有时代特色，把握时代主流，既不太超前，也不能滞后。同时还要合乎季节，不能冬衣夏穿和夏衣冬穿。二是与地点相适应。不同国家、不同地区所处的地理位置、自然条件以及文化习俗各有不同，着装也应有所区别。特定的环境应配以与之相适应、相协调的服饰。三是与场合相适应。这主要指在上班、社交、休闲等不同场合应有不同的着装。上班时间的着装应遵循端庄、整洁、稳重、美观、和谐的原则，给人以愉悦感和庄重感。正式社交场合，着装宜庄重大方，不宜过于浮华。参加晚会或喜庆场合，服饰则可明亮、艳丽。参加殡葬仪式则要求以深色、素色为主，忌穿新潮的时装或鲜艳的服装，以免与现场悲哀、肃穆的气氛不协调。节假日休闲时间着装应随意、轻便，西装革履则显得拘谨而不适宜。家庭生活中，着休闲装、便装更益于与家人之间沟通感情，营造轻松、愉悦、温馨的氛围。

3. 服饰的颜色搭配。

（1）色彩学基础知识。

色环。如图 1－7 所示。

视频：服装色彩搭配

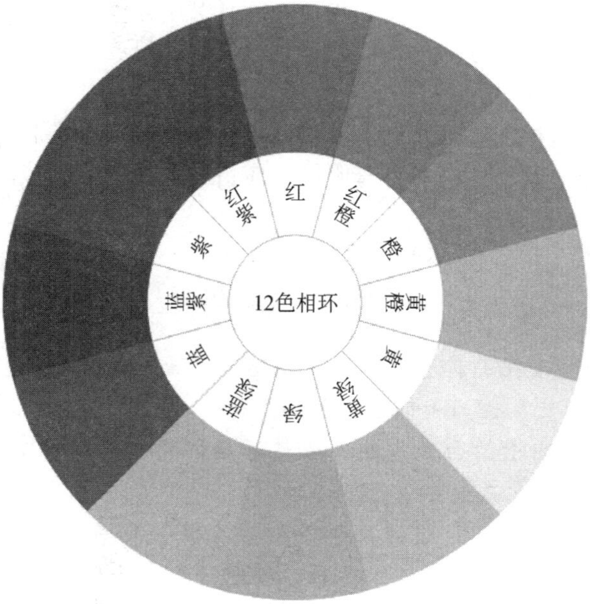

图 1－7　色环

色环上对角线的颜色称为补色。以红色和绿色的对角线为中线，偏蓝，偏绿，偏紫为冷色调；偏红，偏橙，偏黄为暖色调。

色环上相邻三个色块以内属于协调色；三个色块以外属于对比色。

色彩的三要素可用色调（色相）、明度和纯度（饱和度）来描述。

色调，主要为三原色：红色、黄色、蓝色。中和色：黑色、白色、灰色。特殊色：金色、银色。

明度是眼睛对光源和物体表面的明暗程度的感觉，主要是由光线强弱决定的一种视觉经验。简单说，明度可以理解为颜色的亮度。如黄色，由深到浅有深黄、中黄、浅黄等明度变化。

纯度：在一种颜色中混合其他颜色越多，纯度越低；反之，纯度则越纯。

（2）服饰颜色搭配。颜色有深浅和冷暖之分。穿深色衣服会使人显得安定、沉着，浅色显得文雅、大方；冷色显得沉静、庄重，暖色显得热烈、奔放。青、蓝色是冷色，给人以寒冷的感觉；红、黄、橙及相近的色彩为暖色，给人以温暖的感觉。冬选暖色、夏选冷色是选择服装色彩的基本原则。服装色彩搭配得当，会使人显得大方端庄。以下是几种基本的服饰配色方案。

同类色服饰搭配。这是一种最简便、最基本的配色方法。同类色是指一系列的色相相同或相近，由明度变化而产生的浓淡深浅不同的色调。同类色搭配可以取得端庄、沉静、稳重的效果，适用于气质优雅的成熟女性。但必须注意同类色搭配时，色彩之间的明度差异要适当。相差太小，太接近的色调容易相互混淆，缺乏层次感；相差太大，对比太强烈的色调易于割裂整体感。同种色搭配时最好深、中、浅三个层次变化，少于三个层次的搭配显得比较单调，而层次过多易产生繁琐、散漫的效果。如红色调的同类色搭配，可由玫瑰红呢料裙、驼红色羊毛衫、深紫红色皮鞋、石榴红耳环及淡妆组成。

近似色服饰搭配。所谓近似色系指色相环大约在90°以内的邻近色。如红与橙黄、橙红与黄绿、黄绿与绿、绿与青紫等都是相似色。相似色服装搭配变化较多，且能获得协调统一的整体效果，颇受女性青睐。

主色调服饰搭配。这种配色可采用各种对比色，但要确定一种起主导作用的主色。主色应与整套服饰及基调相一致，主色在整套服饰中应占大比例的面积或较重要的位置。辅色的选择也要符合服饰的整体基调。

服装色彩与肤色的搭配

小知识

1. 白皙皮肤：白皙皮肤的特质在于面颊经太阳一晒便容易发红。拥有这类型皮肤的女性是幸运儿，因为大部分颜色都能衬得白皙的皮肤更亮丽动人，色系当中尤以黄色系与蓝色系最能突出洁白的皮肤，令整体显得明艳照人。淡橙红、柠檬黄、苹果绿、紫红、天蓝等明亮色彩最适合不过。

2. 深褐色皮肤：皮肤色调较深的人适合一些茶褐色系，看起来更有个性。墨绿、枣红、咖啡色、金黄色相配，看起来自然高雅。相反蓝色系则格格不入，最好避免穿蓝色系的上衣。

3. 淡黄或偏黄皮肤：皮肤偏黄的人宜穿蓝色调服装，酒红、淡紫、紫蓝等色彩，能令面容更白皙，但强烈的黄色系如褐色、橘红等最好不穿，以免令面色显得更加暗黄无光彩。

4. 健康小麦色：拥有这种肌肤色调的女性给人健康活泼的感觉，黑白这种强烈对比的搭配与她们出奇地合衬。深蓝、炭灰等沉实的色调，以及桃红、深红、翠绿这些鲜艳色彩最能突出开朗个性。

4. 男士商务着装。

西装是目前国际上最流行的正统服装，也是现代社交活动中最得体的服装。一套完整的西装包括上衣、西裤、衬衫、领带、腰带、袜子和皮鞋。穿着西装时强调色彩的搭配问题，即要求男性在正式场合露面时，应当使自己的公文包与鞋子、腰带色彩相同或相近，全身上下颜色不能多于三种，并首选黑色。在重要会议和会谈、庄重的仪式以及正式宴请等场合，男士一般以西装为正装。忌不拆除西服左袖商标。

视频：西装礼仪

图 1－8

（1）西服（见图 1－8）。西服有二件套、三件套之分。正式场合应穿同质、同色的深色毛料套装。二件套西服在正式场合不能脱下外衣。按习俗，西服里面不能加毛背心或毛衣。在我国，至多也只能加一件 V 字领羊毛衣，否则显得十分臃肿，以致破坏西服的线条美。西服上衣衣长应刚好到臀部下缘或差不多到手自然下垂后的大拇指尖端的位置；肩宽以探出肩角 2 厘米左右为宜，袖长到手掌虎口处。胸围以系上钮扣后，衣服与腹部之间以容下一个拳头的大小为宜。西裤裤线清晰笔直，裤脚前面盖住鞋面中央，后至鞋跟。穿着西装时需要注意的问题：西服衣兜里不能放任何物品；袖口商标要摘除；单排扣西装如果有两粒钮则扣上不扣下，如果三粒钮则扣上面两粒或者扣中间一粒；双排扣西装，则全扣。

（2）衬衫。长袖衬衫是搭配西装的唯一选择，颜色以白色或淡蓝色为宜。衬衫领子要挺括；衬衫下摆要塞在裤腰内，系好领扣和袖口；衬衫领口和袖口要长于西服上装领口和袖口 1—2 厘米；衬衫里面的内衣领口和袖口不能外露。如果西服本身是有条纹的，应搭配纯色的衬衫，如果西服是纯色，则衬衫可以带有简单的条纹或其他图案。不打领带时，衬衣第一个扣子要解开。打领带时必须扣第一颗钮扣。不要穿太旧、起泡或起球的衬衣。商界男士在自己的办公室里，可以暂时脱掉西装上衣，直接穿着长袖衬衫、打领带。但是，要以这种形象外出办事、参加正式活动就有失体统，不合乎礼仪规范了。

（3）领带。好领带应当用真丝或者羊毛制作而成。以涤丝制成的领带售价较低，有时也可以选用。除此之外，用棉、麻、绒、皮、革、塑料、珍珠等制成的领带，在商务活动中不宜佩戴。在商务活动中，蓝色、灰色、棕色、黑色、紫红色等单色领带都是十分理想的选择。要注意领带的颜色不要浅于衬衣，尤其不要以黑衬衣配白领带。领带图案以规则几何图案（条纹、圆点、方格等）或纯色为宜。系领带时领结要饱满，与衬衫领口吻合得要紧密，领带下摆应长过皮带扣少许。穿毛衣或马甲时，领带应放在毛衣、马甲的里面即贴住衬衣。领带的系法如图 1－9 所示：

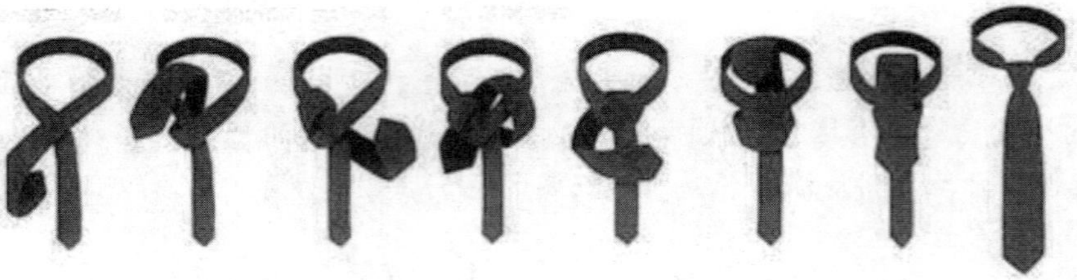

图1－9 领带的系法

（4）腰带。腰带以黑色牛皮为宜，不可打其他颜色腰带。腰带扣选择金属色质，不要太花，也不能太旧，而且保证安全牢靠。对于腰围较大的男士，可改用吊带将裤子固定住。

（5）皮鞋。与西装配套的鞋子，只能选择皮鞋。一般来说，牛皮鞋与西装最为般配。羊皮鞋、猪皮鞋则不甚合适，磨砂皮鞋、翻皮皮鞋大都属于休闲皮鞋，也不太适合与西装相配套。最适合与西装套装配套的皮鞋的颜色，只有黑色一种。棕色皮鞋往往也会大受排斥。商界男士在正式场合所穿的皮鞋，应当没有任何图案和装饰。打孔皮鞋、绣花皮鞋、拼色皮鞋、带有文字或金属扣的皮鞋等，均不应予以考虑。皮鞋的款式，应当庄重而正统，表示谦虚。系鞋带皮鞋是新入职的人员的最佳之选（见图1－10）。各类无带皮鞋，如船形皮鞋、盖式皮鞋、拉锁皮鞋等，都不符合这一要求。

图1－10 系带皮鞋

（6）袜子。与西装、皮鞋相配套的袜子，以深色、单色为宜，并且最好是黑色的。切忌黑皮鞋配白袜子，也不要穿过分扎眼的彩袜、花袜或者其他浅色的袜子。发光、发亮的袜子绝对不要穿。袜口应适当高些，应以坐下跷起腿后不露出皮肤为准。

（7）男士着装其他注意点。男士西装中不能放太多的东西；男士西装质量要好；领带夹夹在衬衣第三、四颗钮扣中间；穿西装时不要带墨镜。

5. 女士商务着装。

正式的商务交往场合，女性最佳着装为套裙，尤其与外商进行商务交往时必须着套裙。西装套裙的穿着要得体，首先上装与裙子的色调要统一，具有稳重、成熟感。对女士着装的要求是“三不露”：一是不露肩，在商务场合，不能穿吊带裙，也不能穿无袖的上衣；二是不露膝，即裙子不能太短；三是不露脚趾，在工作的场合，不能穿露脚趾的凉鞋。

（1）衬衫。衬衫面料要轻薄而柔软，如真丝、麻纱、府绸、涤棉等。色彩上以单色为最佳。除白色之外，其他色彩，如与所穿套裙的色彩不相互排斥，也可采用。衬衫上最好不要有图案。衬衫下摆必须掖入裙腰之内，不得任其悬垂于外，或是将其在腰间打结。衬衫钮扣要一一系好。除最上端的一粒钮扣按惯例允许不系外，其他钮扣均不得随意解开。

阅读：职场中鞋的选择

（2）鞋。与套裙配套的鞋子应该是皮鞋，并以黑色的牛皮鞋为最好，和套裙同一色彩的皮鞋也可以选择。式样应该是高跟、半高跟的皮鞋。穿布鞋、旅游鞋、凉鞋都显得不相适宜。

（3）袜子。通常情况下，用来和套裙配套的袜子是高统袜和连裤袜；颜色以单色为宜，有肉色、黑色、浅灰、浅棕等几种常规选择。袜口要没入裙内，不可暴露于外。袜子应当完好无损。

（4）提包。女士用的提包不一定是皮包，但必须质地好，样式庄重，并与服装相配。不能拎纸袋或塑料袋，不能背双肩背包，更不要只拿一个化妆包。

（5）发型要求。商务场合对于女士发型的要求，要求长不过肩，最长的长度只能到达肩膀，太长的话，一定要盘起头发或梳成发髻，忌披肩长发。

（6）套裙穿着的禁忌。

忌穿着黑色皮裙。商务场合不能穿黑色皮裙，否则让人啼笑皆非。与外国人打交道，尤其与欧美国家人士，绝对不可以穿黑色皮裙。

忌裙、鞋、袜不配套。不能将健美裤、九分裤等裤装当成长袜穿，不能将袜口暴露于裙外。

忌光脚。光脚不正式，且暴露脚上瑕疵。在国际商务交往中穿套裙不穿袜子会被认为是卖弄风骚、展示性感。

忌三截腿。三截腿又叫“恶性分割”，是指女士在穿半截裙子时，穿半截袜子，袜子和裙子中间露一段腿肚子，导致裙子一截，腿肚子一截，袜子一截，使腿显得又粗又短。在国外被视为不文雅。

6. 饰品。

饰品的选择和佩戴也能体现一个人的涵养和内在素质。在职场中一般不佩戴饰品，如佩戴则必须“少而精”，不能超过三件。饰品的特点是体积较小、装饰效果明显、有利于表现整体形象，应与自己的体形、脸形、发型、肤色、年龄、气质、服装、身份、职业、工作环境等相协调。高档饰物，尤其是珠宝首饰，多用于隆重社交场合，不宜在工作、休闲场合配戴。同时戴两到三件首饰时，色彩应一致，质地应一致。金色、深色首饰一般适于冷季佩戴；银色、浅色首饰一般适于暖季佩戴。不同地区、不同习俗的人们在佩戴首饰问题上做法多有不同，一要了解，二要尊重。以下介绍几种主要饰品。

（1）项链。在工作中，一般允许女性服务人员佩戴项链，所戴项链不应多于一条。注意项链不能太长。因为太长的项链容易被其他物品钩住而影响工作效率，甚至引发事故。而男性服务人员在其工作岗位上通常不被允许佩戴项链，即使佩戴，也只能将其藏于衣服内，不能显露在外。

（2）耳环和耳钉。与耳环相比，耳钉小巧而含蓄，也比较庄重。职场人员在工作岗位上，不宜佩戴耳环，一般情况下，允许佩戴耳钉，但不允许男性服务人员佩戴耳环和耳钉。

（3）戒指。戒指一般讲究戴于左手，最好一枚，最多两枚。佩戴两枚时，应戴在左手两个相邻手指或两只手对应手指。一般情况下，大拇指不戴戒指。

小知识

如何根据身材选择合适的服装

（1）高大型：衣服的花色（条纹、图案等）不宜过分显眼，越简单越好。衣裙应上身合身，裙子下摆作 A 型为宜，长度要仅盖住膝部。鞋应与腿部大小对称，腿粗者勿穿细跟或尖窄的鞋。装饰包避免用太纤小的。

（2）矮胖型：衣服尽量选用直线设计的裁剪与直条图案。宜选择连身的小碎花裙，腰带要窄而轻柔，无论任何衣服，不能太松或太紧。不要穿使人看来较矮的两截式衣服。手提袋切勿采用宽扁的式样。

（3）高瘦型：衣服的质地可选柔软、大花的，厚衣料亦有加强体形的作用。裁剪上，多利用打褶，可增加身体的厚度。一切深暗色调的衣服穿起来会使人觉得更高瘦，所以应选择鲜明色调的服装。

（4）瘦小型：宜穿纯一色或小花图案的衣服。裙摆宜较宽，或打上褶子。大领或大口袋的服装绝对不宜穿。不妨多采用硬而挺身的布料。

（5）腰太长：半高腰式的剪裁可掩饰过低的腰线。A字型的设计最适合低腰者的身材。宜穿高跟鞋，使双腿变得较修长，有亭亭玉立之姿。

（6）胸围大：直线条设计最为适合，上身的衣服应朴素，不能加添饰物，也不要打褶。

（7）胸围小：上衣的袖子应蓬松、打褶，以利产生宽肩感觉。领子以披巾式的大翻领为佳，使人注意力在领口。

三、任务演练

1. 请为下面两位女士各设计一套合适的职业商务套裙（见图1－11）。

图1－11　设计套裙

2. 出席商务场合，下列着装是否符合规范。如不规范，应如何改进（见图1－12）？

图1－12　判断着装是否规范

四、能力拓展

1. 用你现有的衣服和饰品搭配出一套大方端庄、适合自身条件、适合职场新人的服饰。拍照上传，并针对自己的服装搭配进行陈述。

2. 以下评论哪些是正确的？哪些是错误的？应如何改进？

（1）暖色调（红、橙、黄等）给人以温和、华贵的感觉。

（2）冷色调（紫、蓝、绿等）给人平和、稳重、可靠的感觉，是最常见的工作服装用色。

（3）中和色（白、黑、灰等）往往使人感到凉爽、恬静、安宁、友好。

（4）在选择服装外饰物的色彩时，应考虑到各种色调的协调与肤色，选定合适的着装、饰物。

学习子情景三　仪态礼仪

一、知识导入

职场仪态礼仪的重要性

小知识

爱美之心，人皆有之。很多职业人士，为了美化外在的形象，不惜花重金去美容、购买高档服饰。这些都无可厚非，但是，精心打造出来的光鲜夺目的形象，往往会被行为举止上的一些差错而彻底粉碎，不得不说是一件遗憾的事。所以掌握职场仪态礼仪，修饰仪态美，从细微处流露风度，远比一个衣服架子更令人赏心悦目。

仪态是指人在行为中表现出来的姿势，主要包括站姿、坐姿、步态等。“站如松、坐如钟”，是中国传统礼仪的要求，在当今社会中已被赋予了更丰富的涵义。随着对外交往的深入，我们要学会用兼收并蓄的宽容之心去读懂对方的姿态，更要学会通过姿态去表达自己想要表达的内容。

二、知识准备

仪态是指一个人在行为中的姿态和举止。良好的仪态是一种修养，与容貌和身材比较，它是更深层次的美。容貌美只属于幸运的人，仪态美则往往是出色的人不可或缺的，因为仪态美更富有魅力。站、走、坐的姿态，面部的表情以及手势的运用是构成仪态的基本要素。优美的仪态要求：站姿挺拔，优美典雅；走姿稳健，轻快自然；坐姿娴雅，端正稳重；目光热情诚恳，微笑善良友好；手势运用得体，规范适度。

（一）站姿

1. 基本站姿。

（1）两脚跟相靠，女士两脚分开30°左右，男士脚尖展开45°—60°，身体重心主要支撑于脚掌、脚弓之上。

（2）两腿并拢直立，腿部肌肉收紧，大腿内侧夹紧，髋部上提。

（3）腹肌、臀大肌微收缩并上提，臀、腹部前后收紧，髋部两侧略向中间用力。

（4）脊柱、后背挺直，胸略向前上方提起。

（5）两肩放松下沉，气沉于胸腹之间，自然呼吸。

（6）两手臂放松，自然下垂于体侧，放在外裤缝处。

（7）脖颈挺直，头向上顶。

（8）下颌微收，双目平视前方。

女士、男士基本站姿如图1－13所示。

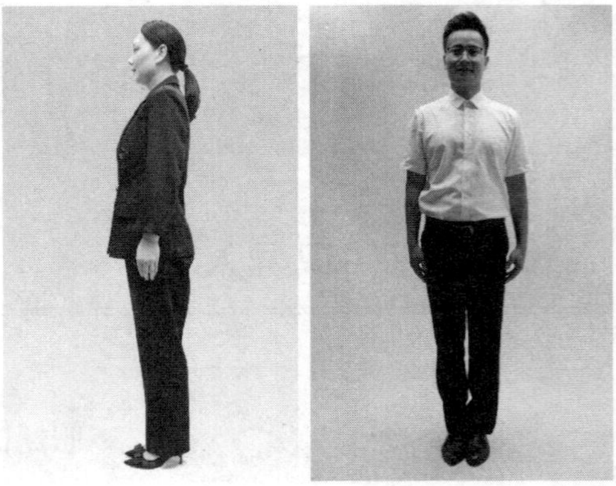

图1－13 基本站姿

2. 其他站姿。

商务人员根据场合的不同，在基本站姿的基础上可以变化出女士前搭手站姿、男士后搭手站姿和持物站姿等不同姿态。

（1）女士前搭手站姿（见图1－14a）。两脚尖展开，左脚脚跟靠近右脚中部，重心平均置于两脚上，也可置于一只脚上。通过重心的转移可减轻疲劳，双手置于腹前。

（2）男士后搭手站姿（见图1－14b）。两脚平行开立，脚尖展开，挺胸立腰，下颌微收，双目平视，两手在身后相搭，贴在臀部。

（3）女士持文件夹站姿（见图1－14c）。身体立直，挺胸抬头，下颌微收，提髋立腰，吸腹收臀，手持文件夹。

（4）男士提公文包站姿（见图1－14d）。身体立直，挺胸抬头，下颌微收，双目平视，两脚分开，一手提公文包，一手置于体侧。

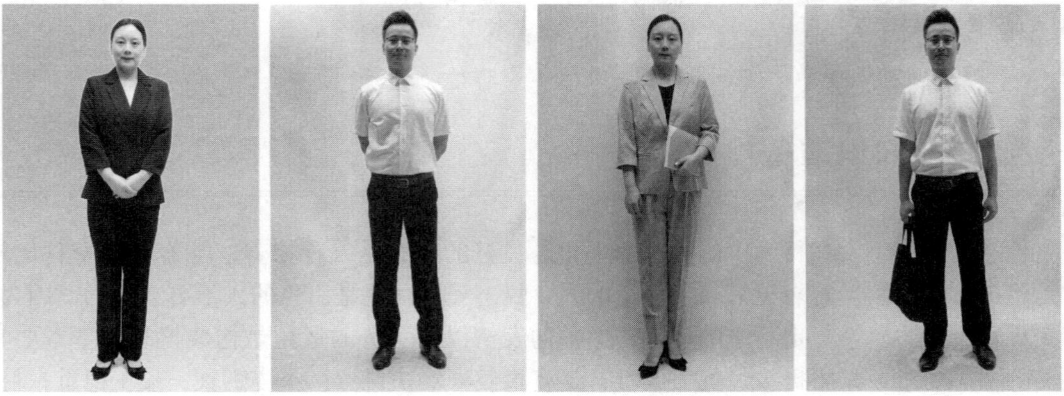

a　b　c　d

图1－14 其他站姿

站立时，既要遵守规范，又要避免僵硬，所以站立时要注意肌肉张弛的协调性。强调挺胸立腰，但两肩和手臂的肌肉不能太紧张，要适当放松，气下沉至胸腹之间，呼吸要自然。另外要以基本站姿为基础，善于适时地变换姿态，追求动态美。同时，站立时要面带微笑，使规范的站立姿态与微笑相结合。

3. 站姿的注意事项。

（1）忌东倒西歪。站立时东倒西歪，如头不正，颈不直，或仰头，或低头，或左右偏头，或探着颈；身不直，肩不平，或弯腰驼背，含胸挺腹，或塌腰，身体前倾，都很不雅观。

（2）忌耸肩勾背。耸肩勾背或者懒洋洋地倚靠在墙上或椅子上，都会破坏自己和公司的形象。

（3）忌手脚摆放不规范。手脚摆放不规范，如抱臂、握拳、叉腰，手放在衣裤兜里或插在腰际，两腿交叉，一腿弯曲且脚尖点地，或两脚分开太远，一腿弯曲甚至抖动，都会显得人随随便便，悠闲散慢，在商务场合中是绝不允许的。

（4）忌做小动作。下意识地做小动作，如摆弄打火机、香烟盒，玩弄衣带、发辫，咬手指甲等，不但显得拘谨，给人以缺乏自信的感觉，而且有失庄重。

（二）走姿

正确的步姿要求“行如风”，即走起路来要像风一样轻盈。同时还要注意方向明确、步幅适度、速度均匀、重心放准、身体协调、姿态优美。抬起下巴，眼睛前视。膝盖面向正面伸出，脚步轻盈，按脚后跟、脚心、前脚顺序依次着地。手掌自然垂握，目视前方，面带微笑。步伐的幅度适度。在室内，不要发出“咚咚咚”鞋后跟着地的声音和“啪啪啪”前脚掌着地的声音。

1. 具体要求。

（1）上半身挺直，两肩相平，吸气收小腹，把气停在胸腔的位置。

（2）将大腿轻轻抬起带动小腿往前跨出步伐，两臂自然摆动，两腿直而不僵。

（3）跨步时两脚间的距离应是本人的一脚或一脚半的长度。两脚间距跟服饰和鞋也有一定关系，如女士穿裙装（特别是穿旗袍、西服裙）和穿高跟鞋时，步幅宜小些。

（4）男子行走，两脚跟交替前进应在直线上，两脚尖稍外展。女子两脚要踏在一条直线上，称“一字步”，以显优美。

2. 走姿的注意事项。

（1）忌大摇大摆、上颠下跛、摇头晃脑。

（2）忌蹦蹦跳跳、奔来跑去、制造噪音。

（3）走路时，两脚尖不要向内或向外歪，即应避免“内八字”或“外八字”脚。

（三）坐姿

1. 基本坐姿。

（1）入坐要轻而稳，女士着裙装要先轻拢裙摆，再入坐。

（2）面带笑容，目视前方，目光柔和，嘴唇微闭，微收下颌。

（3）双肩放松，双手应掌心向下相叠或相握，放于大腿上。

（4）立腰、挺胸、上体自然挺直，并使背部和大腿成一直角。

（5）双膝自然并拢，双腿正放。

（6）不要坐满，只坐椅子的一半或三分之二。

（7）起立时，右脚向后收半步，而后起立。

（8）坐着谈话时，上体与两腿应同时转向对方，双目正视说话者。

女士、男士基本坐姿，如图1－15所示。

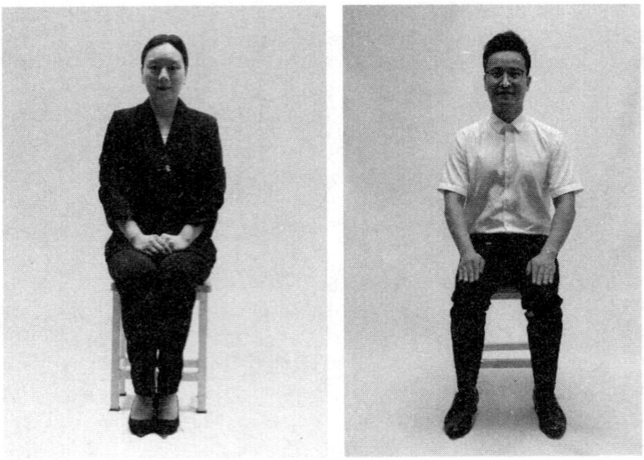

图1－15 基本坐姿

2. 双腿斜放式坐姿——仅适用于女士。

女士就座时，双腿并拢，以斜放一侧为宜，双脚可稍有前后之差。这样从正面来看，双脚交成一点，可延长视觉上腿的长度，显得颇为优雅。

（1）左斜放式：在基本坐姿的基础上，左脚向左平移一步，左脚掌内侧着地，右脚左移，右脚内侧中部靠于左脚脚跟处，右脚脚掌着地，脚跟提起，双腿靠拢斜放。两膝在整个过程中，始终相靠。

（2）右斜放式：在基本坐姿的基础上，右脚向右平移一步，右脚掌内侧着地，左脚右移，左脚内侧中部靠于右脚脚跟处，左脚脚掌着地，脚跟提起，也可以右腿叠放在左腿上，双腿靠拢斜放。两膝在整个过程中，始终相靠（见图1－16a和b）。

a b

图1－16 双腿斜放式坐姿

无论左斜放式，还是右斜放式，大腿与小腿要成直角，小腿不要往回屈，要充分显示小腿的长度，两脚、两腿、两膝一定要靠拢，不得分开露出缝隙。未着地的双脚掌内外侧切不可上翘，否则会有失雅观。采用双腿斜放式坐姿时，若左右两边有人，不得将腿伸向他人，而应将膝部朝向他人。

3. 坐姿的注意事项。

（1）入座时，一般应从座位的左边入座和站立，腰背挺直，缓缓坐下。入座后，不要坐在椅子上再挪动椅子的位置。目视前方，自然微笑，缩回脚后跟。

（2）离坐时，右脚向后收半步，而后站起，向前走一步离开座位。在社交场合，离座时要端庄稳重，不可猛起猛坐，弄的座椅乱响，造成紧张气氛。

（3）不要坐满椅子。无论坐在椅子还是沙发上，最好不要坐满，只坐到椅面的一半或三分之二，但注意不要坐在椅子边上。

（4）切忌两膝盖分得太开。男子坐下，可膝盖分开，间隔一个拳头的距离。女子坐下则双膝并拢。切忌将小腿架到另一条大腿上呈“4”字型，或将腿搁在椅子上。

（5）注意脚尖。坐时不要两脚尖朝内，脚跟朝外。内八字的坐法对女性而言亦不雅观。

（6）双手自然放好。双手可相交搁在大腿上，或自然放在大腿上，或轻搭在沙发扶手上，手心应向下。勿将双手夹在两腿之间，这样显得胆怯害羞、自信心不足，也显得不雅。

（7）不可抖脚。坐、立时，腿部都不可上下抖动或左右摇晃。在社交过程中，腿部动作，如小幅度地抖动腿部、频繁地交换架腿的姿势、用脚尖或脚跟拍打地面、脚踝紧紧交叠等动作，都是人紧张不安、焦躁、不耐烦情绪的反映。

（四）蹲姿

1. 基本蹲姿。

（1）下蹲拾物时，应自然、得体、大方，不遮遮掩掩。

（2）下蹲时，两腿合力支撑身体，避免滑倒。

（3）下蹲时，一脚在前，一脚在后，两腿向下蹲，前脚全着地，小腿基本垂直于地面，后脚脚跟提起，脚掌着地，臀部向下。

（4）下蹲时，应使头、肩、臀在一条直线上。

（5）女士应两腿靠紧，尤其是穿旗袍和短裙时。男性则可以适度地将两腿分开。正确蹲姿如图 1－17 所示。

图 1－17　正确蹲姿

2. 交叉式蹲姿——适用于女士。

交叉式蹲姿的基本特征是蹲下后双腿交叉在一起。它的优点是造型优美典雅，通常适用于女性，尤其是身着裙装的女性。

下蹲时右脚在前，左脚在后。右小腿垂直于地面，全脚着地。左膝由后面伸向右侧，左脚跟抬起，脚掌着地。两腿靠紧，合力支撑身体。臀部向下，上身稍前倾（见图1－18）。

图1－18　交叉式蹲姿

3. 蹲姿其他应注意事项。

（1）下蹲的时候，切勿速度过快，并注意与他人保持一定的距离。

（2）弯腰捡拾物品时，两腿叉开，臀部向后撅起，是不雅观的姿态；两腿展开平衡下蹲，姿态也不优雅。

（3）若用右手捡东西，可以先走到东西的左边，一脚向后退半步后再蹲下来。脊背保持挺直，臀部一定要放低，避免弯腰翘臀的姿势。

（4）在他人身边下蹲时，最好是与之侧身相向。正面面对他人或是背部对着他人下蹲，都是不礼貌的。

（五）接受与给出

1. 拿的方法。

拿取书等物品时应靠近身体的中心，用左手放在胸的高度。拿取伞及滑雪等长用具时应竖向贴近身体，不打扰到周边的人。

2. 给的方法。

在给出物品时，为了让对方接受得容易一些，应将易于对方拿握的部位向对方递出。大的、重的物品，应在低一点的位置给出。

（六）微笑

微笑是一种国际礼仪，能充分体现一个人的热情、修养和魅力。真正的微笑应发自内心，渗透着自己的情感，表里如一，毫无做作或矫饰的微笑才有感染力，被视作“参与社交的通行证”。保持微笑时并应注意：

第一，发自内心的微笑。只有发自内心的笑才甜美而真诚，显得自然、亲切和动人。微笑的关键在于“含笑”于面部，给人以亲切和真诚感。

第二，职业性微笑。在工作岗位上面对客人时必须露出灿烂的微笑，基本要求是嘴角上翘，露出八颗牙齿。然而，心理学家发现：最有魅力的微笑，不仅是咧开嘴，露出八颗牙就行了，最关键的是眼睛也同时放出愉悦的光彩。

阅读：肢体语言中的积极信号

第三，微笑应合乎规范。笑不能勉强敷衍，不能机械呆板，不能为笑而笑，无笑装笑，皮笑肉不笑。微笑合乎规范，必须做到四个结合：口眼结合；笑与神情、气质结合；笑与语言结合；笑与仪表、举止、场合相结合。

（七）手势

手势是人们交往时不可缺少的动作，是富有表现力的"体态语言"。手势美是一种动态美。得体适度的手势，可增强感情的表达，在交际中起到锦上添花的作用。商务人员的手势运用要给人含蓄、彬彬有礼、优雅自如的感觉。其基本要求是：自然优雅，规范适度。规范是在服务时，手势要正确。适度是指手势不宜过多，幅度不宜过大。具体要求如下。

1. 交谈手势。

与客人交谈时，手势不宜过多，动作不宜过大，更不要手舞足蹈。

2. 引领手势（见图1－19）。

介绍某人或为客人引路指示方向时，应掌心向上，五指伸直并拢，以肘关节为轴，前臂自然上抬，伸直指示方向，上体稍有前倾，面带微笑，自己的眼睛先朝向目标方向，随后兼顾朝向服务对象。这种手势有诚恳、恭敬之意。切忌用手指来指点方向，因为含有教训人的味道，不礼貌。

图1－19　引领手势

3. 鼓掌。

鼓掌也属手势范围。在欢迎客人到来、他人发言结束或观看体育比赛、文艺演出时，应用右手手掌拍左手掌心，但不要过分用力、时间过长。

另外，同样一种手势，在不同的国家、不同的地区可能有不同的含义。如食指向下弯曲，在中国表示数字9；在日本表示"偷窃"；在美国表示"死亡"；在墨西哥则表示"钱，或询问多少价格"。可见，接待不同国家、民族、地区的客人时，要懂得他们的手势语言，以免引起误会（见表1－3）。

表1－3　手势在不同国家的含义

手势	不同含义	适用国度
伸出小指	女人、女孩子、恋人妻子	日本
	女朋友	韩国
	小个子	菲律宾
	朋友	泰国、沙特阿拉伯
	要去厕所	缅甸、印度
	打赌	美国、尼日利亚
拇指与食指尖组成一圆圈，其余三指伸直，手心向前	OK	美国
	诅咒、侮辱	巴西、阿拉伯世界、希腊
	钱	日本
竖起大拇指	好、干得好、了不起、高明	中国
	男人、您的父亲、最高	日本
	首领、自己的父亲、部长、队长	韩国
	祈祷幸运	澳大利亚、墨西哥、荷兰
	顺便搭车	美国、法国、印度
伸出食指	让对方稍等	美国
	请求、拜托	缅甸
	最重要	新加坡
	请来一杯啤酒	澳大利亚

三、任务演练

1. 对比下列坐姿，请指出存在哪些问题，并按照正确的坐姿进行自我训练（见图1－20）。

图1－20　坐姿

2. 对比下列蹲姿，请指出存在哪些问题，并按照正确的蹲姿进行自我训练（见图1－21）。

图1－21　蹲姿

四、能力拓展

1. 指出下图中的仪态是否规范。如不规范，指出问题所在，并示范正确仪态（见图 1－22）。

图 1－22　判断仪态是否规范

阅读：商务职场女性的体态训练及禁忌

2. 情景模拟。

学生4～5人一组，分别设置相应的情景。要求把仪态礼仪中的各个规范动作都融合进所设置的情景中。通过情景模拟，选取相关照片，并对如下照片里学生的手势动作进行分析（见图1－23）。

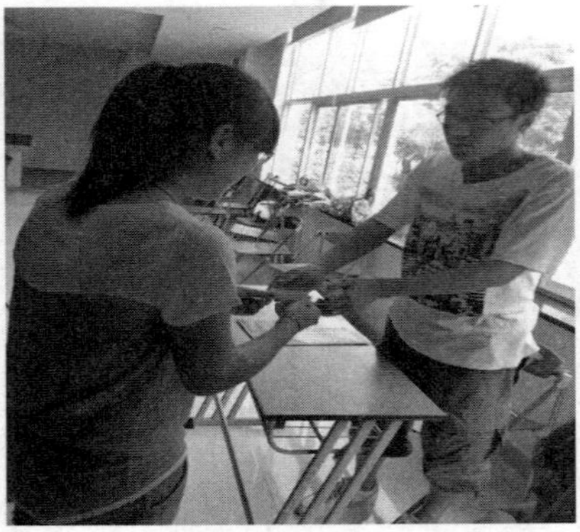

递送名片

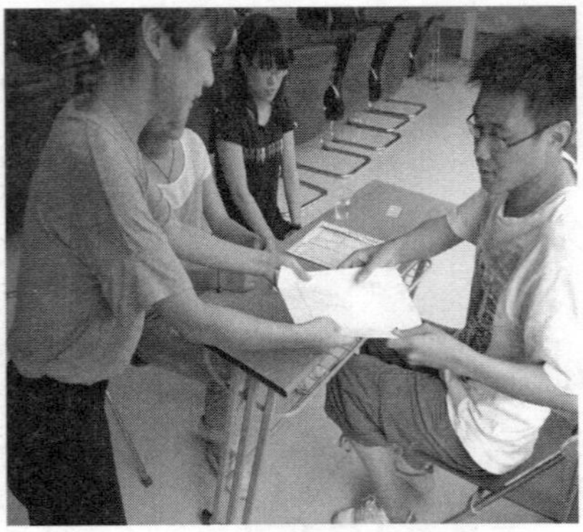

递送文件

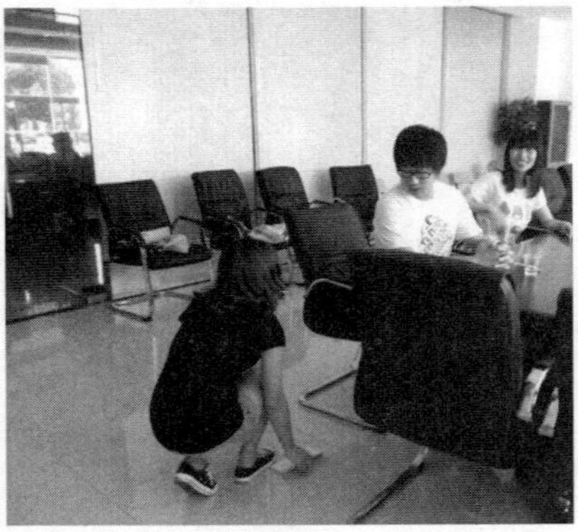

捡物品

握手

图1－23 情景模拟

阅读：站立的力量

3. 谈判中的肢体语言。

肢体语言又称身体语言，是指由身体的各种动作来代替语言借以达到表情达意的沟通目的。广义言之，肢体语言也包括面部表情；狭义言之，肢体语言只包括身体与四肢所表达的意义。

谈到用肢体表达情绪时，我们自然会想到很多惯用动作的含义。诸如鼓掌表示兴奋，顿足代表生气，搓手表示焦虑，垂头代表沮丧，摊手表示无奈，捶胸代表痛苦。当事人以此等肢体活动表达情绪，别人也可由之辩识出当事人用其肢体所表达的心情和目的。

视频：谈判中的肢体语言

肢体语言是沟通中的主要方式，它包括眼睛、脸部和身体语言。读懂体态语言会有助于改善沟通效果。眼睛的主要功能是接受信息。在我们所有的知觉中，最依赖的是视觉。眼睛是心灵的窗户，喜怒哀乐能同时表现在眼睛和脸上。伯德惠斯特尔研究认为，人类的脸部可以做出约250 000种不同的表情。因此在国际商务谈判沟通中要善于捕捉谈判对手发出的体态语言信息。

在不同的文化中，非语言表达方式也不同。文化的差异会导致不同国家或地区的谈判者在形体语言、动作语言的运用上产生巨大的差异，甚至同样的动作语言传递着截然相反的信息。例如，绝大多数的国家都是以点头方式来表示赞成。但在印度、尼泊尔等国则以摇头表示肯定，即一面摇头、一面微笑表示赞成、肯定之意。他们口中一面频称“You are right! You are right!”一面不断地摇头，常令对方摸不清楚其真正的想法。可见谈判者形体、动作、语言、认识的差异，会给谈判中的沟通带来障碍。

部分肢体语言代表的意义：

眯着眼——不同意，厌恶，发怒或不欣赏

走动——发脾气或受挫

扭绞双手——紧张，不安或害怕

向前倾——注意或感兴趣

懒散地坐在椅中——感到无聊或轻松一下

抬头挺胸——自信，果断

坐在椅子边上——不安，厌烦或提高警觉

坐不安稳——不安，厌烦，紧张或者是提高警觉

正视对方——友善，诚恳，外向，有安全感，自信，笃定等

避免目光接触——冷漠，逃避，不关心，没有安全感，消极，恐惧或紧张等

点头——同意或者表示明白了，听懂了

摇头——不同意，震惊或不相信

晃动拳头——愤怒或富攻击性

鼓掌——赞成或高兴

打呵欠——厌烦

手指交叉——好运

轻拍肩背——鼓励，恭喜或安慰

搔头——迷惑或不相信

笑——同意或满意

咬嘴唇——紧张，害怕或焦虑

抖脚——紧张

双手放在背后——愤怒，不欣赏，不同意，防御或攻击

环抱双臂——愤怒，不欣赏，不同意防御或攻击

眉毛上扬——不相信或惊讶

2 学习情景二 商务社交礼仪

情景任务

在商务活动日益频繁的今天，讲究礼仪、遵守规范，在社会交往中起着越来越重要的作用。通过本模块的学习，将帮助学生掌握现代商务社交礼仪的方法和技巧，在以后的工作中运用标准的社交礼仪规范来提升个人魅力，成为有较高修养的商务人士。

学习子情景一　电话礼仪

一、知识导入

电话礼仪

小知识

现代社会是信息的社会。对于广大商界人士而言，信息就是资源，信息就是财富，信息就是生命。目前，多种多样的现代化通讯工具层出不穷。它们的出现，为商界人士获取信息、传递信息、利用信息，提供了越来越多的选择。

人们利用这些电讯设备来进行信息的传递。被传递的信息，既可以是文字、符号，也可以是表格、图像。在日常生活里，商界人士接触最多的通讯手段，主要有电话、电报、电传、寻呼、传真、电子邮件等等。在利用上述各种通讯手段时，也需要遵守一定的礼仪规范。

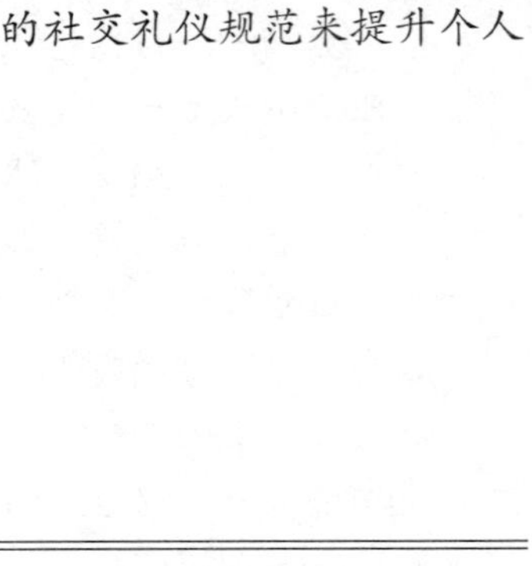

接打电话是基本礼仪。

二、知识准备

在日常工作中，使用电话的礼仪很重要，它直接影响到一个公司的形象。人们通过电话也能粗略判断对方的人品、性格。可以说，打电话是一门学问、一门艺术。因此，掌握正确的接打电话的方法非常必要。

（一）塑造美好的“电话形象”

视频：手机礼仪

一个人的电话形象主要是由他使用电话时的语言、态度、电话内容及举止等方面的因素决定的。电话靠声音进行交流，因此拨打电话和接电话都应注意语气及谈话的内容，以便给对方留下美好的印象。

1. 清晰明朗的声音。

打电话过程中绝对不能吸烟、喝茶、吃零食，因为即使是懒散的姿势对方也能够“听”得出来。比如打电话的时候，躺在椅子上，对方听到的声音就是懒散、无精打采的；若坐姿端正，所发出的声音也会亲切悦耳、充满活力。因此打电话时，即使看不见对方，也要当作对方就在眼前，尽可能注意自己的姿势。另外通话时还要注意音量适中。声音不要太大，以免给对方不愉快的感觉；而太小了对方会听不清楚。

2. 要有喜悦的心情。

打电话时要保持良好的心情。“言”由心生，愉快的心情将使语气变得亲切。这样即使对方看不见自己，也会被欢快的语调感染，留下良好的印象。由于面部表情会影响声音的变化，所以在通电话中，要抱着“对方正看着我”的心态去应对，即使看不见对方，也不要忘记自己的笑容。

3. 言简意赅。

打电话应注意通话时间，讲究语言准确简练，长话短说，切忌啰嗦。

（二）接听电话礼仪

1. 接听电话流程。

接听电话的一般流程可根据图 2－1 来完成。在接听电话的过程中，可能会碰到自己所在部门无法处理而需转接至其他部门的情况。此时应征询对方，是否愿意等待转接并解释转接原因。若对方接受转机，则应感谢对方等待，并及时为对方转接电话。若对方不愿意等候则应请对方留言。

2. 接听电话的礼仪规范。

（1）接听电话前，应准备纸和笔。如果事先没有准备好纸和笔，在通话中若需留言，就不得不要求对方等候自己找来纸笔，很不礼貌。接听电话时，应停止手头无关的动作，不要让对方感觉到你在处理一些与电话无关的事情。对方会感到你在分心，不重视他。这也是不礼貌的表现。保持正确的姿势。如果姿势不正确，电话可能从手中滑出，甚至掉在地上，发出刺耳的声音，会令对方不满意。

视频：接听电话礼仪

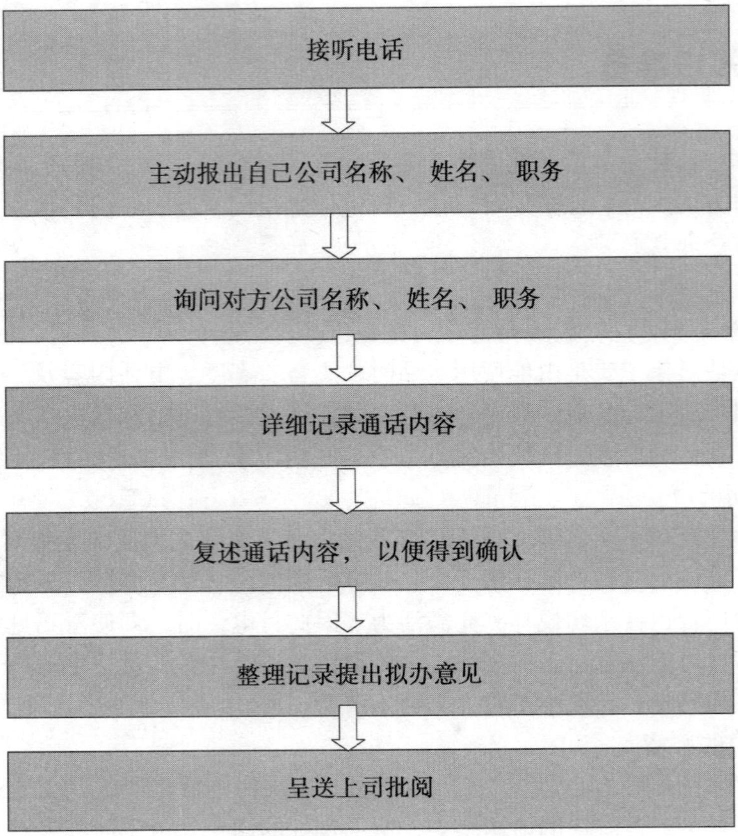

图2－1　接听电话流程

（2）接听电话应及时。在铃响三声内应接起电话，问候对方“您好”。如接电话稍迟一点，应该致歉，“对不起，让您久等了”。接到对方来电，应主动作自我介绍。接外线电话要报公司名称，转来的电话应报部门名称和自己的姓名，让对方明白是否拨对了电话。如果电话是找其他人，且要找的人在旁边，应说“请稍等”，然后用手捂住送话孔，轻声招呼受话人。若对方要找的人不在，应主动询问对方是否希望留言或转告。若对方同意留言，则应认真记载留话内容。应按 Who、When、Where、Why、What、How 询问并记录。记录后向对方复述内容以便确认留言的准确性。范例如表2－1所示。

表2－1　　**电话留言记录示范**

时间	地点	对方电话号码	对方单位	对方姓名职务	通话内容	备注
7.20	办公室	××××××	××进出口有限公司	张三 业务员	该公司为我公司制作的广告制作完毕，对方约我公司7/25日前去查看结果。	该事务由公司某某人负责，已将电话记录转告某某人。

接听电话时，注意使嘴和话筒保持4厘米左右的距离。要把耳朵贴近话筒，仔细倾听对方的讲话。通话时最好左手握话筒，以便必要时右手做记录。

（3）结束通话。通话完毕前应向对方道声“再见”。并应让对方结束电话，待对方挂断后再放话筒，切忌让对方听到“啪”的挂电话的声音。通话结束后，留言或转告他人要立即执行的，应将来电所托事项填写在“电话留言便条”上，以口头形式传达，或以便条形式传递。

视频：电话沟通

（三）拨打电话礼仪

1. 拨打电话流程（见图2-2）。

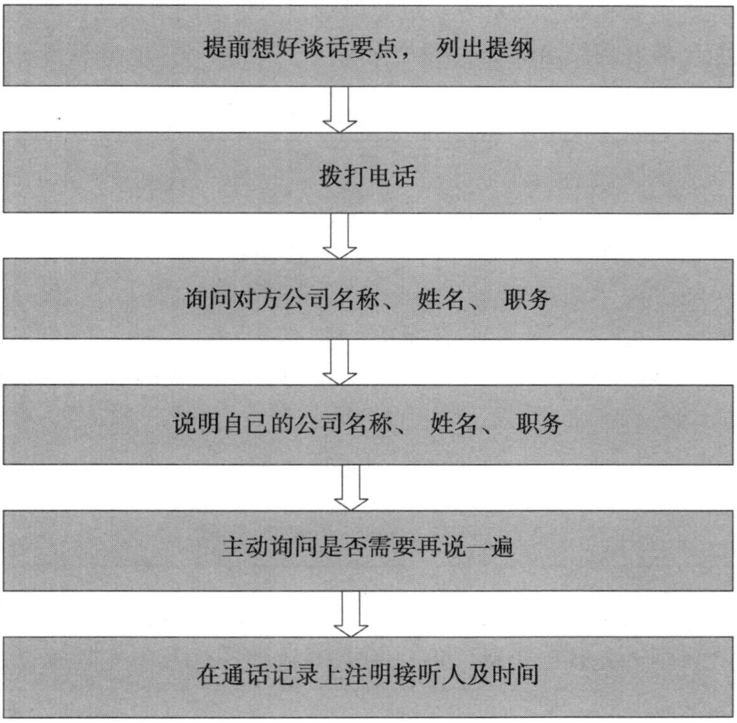

图2-2　拨打电话流程

拨打电话的步骤如上图所示。给他人打电话，为了能清楚表达自己的意图，获取想要的信息，拿起电话前应该仔细思考如下几个问题：

我的电话要打给谁？

我打电话的目的是什么？

我要说明哪几件事情？它们之间有什么联系？

我需要对方配合做什么？

我应该选择怎样的表达方式？

2. 拨打电话的礼仪规范。

（1）拨打前应选择合适的时间。尽量在对方上班10分钟以后或下班10分钟之前通电话，以便对方能专心地接听。如非要事，尽量避免在他人休息时间打电话。如用餐、午休时间、早上7点以前、晚上10点以后以及节假日等都不是理想的拨打商务电话的时间。拨通电话前要作好充分准备，应在纸上列出重要的谈话内容，以便接通电话后能直入主题、不漏要点。许多人都有这样的经历，挂了电话才意识到某些重要内容忘记谈了，这就是因为事先没有构思好谈话提纲而出现的弊端。

视频：拨打电话礼仪

（2）接通后，对相识的人，简单问候即谈主题；对不相识的人，问候对方后，要简要地介绍自己并说明来电目的。若拨错电话应表示歉意，说声“对不起，打扰您了”。不作任何解释直接挂断电话是不礼貌的行为。请受话人代转他人时，应说“谢谢，麻烦您了”。如所找对象不在，应主动委托他人留言，说清事项，留下自己的联系方式和姓名，并记住委托人姓名，表示感谢。需谈论机密或敏感话题时，电话接通后要先问对方谈话是否方便。交谈中如有事情需要处理，要礼貌告知对方，以免误解，未讲清的事情要再约时间沟通并履行诺言。通话中的礼貌与非礼貌用语如表2－2所示。

表2－2 接听电话用语比较

× 你找谁？	√ 请问您找哪位？
× 有什么事？	√ 请问您有什么事？
× 你是谁？	√ 请问您贵姓？
× 不知道！	√ 抱歉，这事我不太了解。
× 我问过了，他不在！	√ 我再帮您看一下，抱歉，他还没回来，您方便留言吗？
× 没这个人！	√ 对不起，我再查一下，您还有其他信息可以提示我吗？
× 你等一下，我要接个别的电话。	√ 抱歉，请稍等。
× 我听不懂啦。	√ 我还有点不了解。
× 不行就是不行。	√ 真抱歉，这样对我来说太为难了。
× 找我没用啦。	√ 对不起，这不是我的职权范围。

（3）终止通话应有礼貌，可使用“麻烦您了”“打扰您了”“谢谢”“再见”等礼貌用语。原则上由主动发话人先挂断电话，但礼貌上可尽量等对方（尤其等尊者）先挂断，再轻轻挂断。

（四）手机礼仪

1. 手机的放置。

手机最好放在公文包里，不要放在西装衣服兜或者裤兜里。在商务洽谈时，手机最好处于静音、关机或振动状态。

2. 微信礼仪。

低俗、负面的信息要少发。不要轻易差评别人的微信。不要在别人的微信内容下跟你的好友交流。微信朋友圈群，加入微信群要征得群主同意，不能私拉朋友进入他人微信群。在微信群里要遵守群规则，发布与群相关的内容。群昵称尽量写真实的公司和个人的名字。

三、任务演练

1. 对照自己平时接电话的实际表现做一下评估，并判断正确与否：

（1）电话一响立即接起或者响过四五声再接起来。（　　）

（2）如果不是本部门的电话，就没必要理，免得耽误正常的工作。（　　）

（3）如果是其他同事的业务电话，要立即大声喊他来接。（　　）

（4）手头工作实在太忙的时候，可以不接电话或是直接把电话线拔掉。（　　）

（5）如果两部电话同时响起来，只能接一部，另一部就不用管它了。（　　）

（6）快下班的时候，为了能更好地解答客户咨询，让客户改天再打电话来。（　　）

（7）如果电话意外中断了，即使知道对方是谁也不应该主动打过去，而是等对方打过来。（　　）

（8）接到打错的电话，不用理会，马上“啪”地挂掉，不能耽误工作时间。（　　）

备注说明：如果你有两道答错了，说明到了要注意自己电话形象的时候了。如果错了四道以上，你的电话形象已经影响到企业形象、公司业务，再不改变企业可能会考虑改变接电话的人。

2. 电话接听的案例分析：根据具体案例分析接听电话的要点是什么。

接线生：早安，这里是 TECH2000，请问您要和谁通话呢？

客户：我想了解贵公司有关办公室系列的产品。

接线生：我帮您转接业务代表。

业务代表：您好，我是汤姆·霍普金斯，请问需要什么服务呢？

客户：我想了解贵公司有关办公室系列的产品，你们有目录可以寄给我吗？我需要各种产品和价格的资料。

业务代表：当然可以啦，请问您大名是……

客户：我叫马丁·吉蒂。

业务代表：可以的，请问贵公司的名称和地址？

客户：我这里是唐马氏集团，地址在×××××，邮编：85251。

业务代表：对不起，邮编地区号是……

客户：85251。

业务代表：马丁小姐，谢谢您。请问您是怎么找到我们公司的呢？

客户：是从报纸上的广告看到的。

业务代表：请问您是对我们所有的产品有兴趣，还是在找某些项目的产品？

客户：我想了解你们所有的产品及价格，如果我能有目录那就太好了。

业务代表：我很乐意提供目录给您，事实上我今天下午会在您附近，我可以把目录直接拿给您吗？

客户：我不急着今天要目录，如果你要来也可以。

业务代表：马丁小姐，我知道您的时间宝贵，我今天下午的时间很弹性，什么时候拜访最好呢？两点还是四点呢？看您认为什么时间最好？

客户：我并不想约时间见面，我只是想先看看目录。

业务代表：没关系，只要您先给我一些信息，让我了解怎么样更好满足您的需求。也许我可以附上一些样品，让您看看我们的品质，因为您真的无法从照片上看出产品的品质，您同意吗？

客户：有道理，品质当然重要了，事实上价格是我们比较大的考量因素。

业务代表：我有个想法，您可以选出贵公司常用的一些产品，我把几个样品和价格带去给您。根据经验，我们越了解你们的需求，就越能够处理你们所关心的事。当然，也能提供更好的服务，我想可以花点时间见面，就长期来看能节省我们更多的时间。

客户：那就请您四点来好了。

四、能力拓展

1. 请讨论下列电话情境的应对技巧。

状况一：接到不愿接的电话

状况二：当对方怒气冲天时

状况三：线路中断

状况四：通话时受到干扰

2. 分小组进行模拟接打电话，情景自定。学生进行自我评价和他人评价，教师最后点评。

阅读：如何提高电话销售的成功率

学习子情景二　见面礼仪

一、知识导入

小知识

国际上常用的见面礼仪

握手礼。握手是大多数国家见面和离别时常用的相互致意的礼仪。握手既是人们见面相互问候的主要礼仪，还是祝贺、感谢、安慰或相互鼓励的适当表达。如对方取得某些成绩与进步时，对方赠送礼品，以及发放奖品、奖状、发表祝词后，均可以握手来表示祝贺、感谢、鼓励等。

鞠躬礼。与日本、韩国等东方国家的外国友人见面时，行鞠躬礼表达致意是常见的礼节仪式。鞠躬礼分为15°、30°和45°的不同形式；度数越高向对方表达的敬意越深。基本原则：在特定的群体中，应向身份最高、级别最高的长者行45°鞠躬礼；身份次之行30°鞠躬礼；身份对等行15°鞠躬礼。

拥抱礼。两人正面站立，各自举起手臂，将右手搭在对方的左肩后面，左臂下垂，左手扶住对方的右后腰。首先向左侧拥抱，然后向右侧拥抱，最后再向左侧拥抱。

亲吻礼。长辈与晚辈亲吻的话，长辈吻晚辈的额头，而晚辈吻长辈的下颌。同辈人或兄弟姐妹亲吻的话，只能相互贴一贴面颊。

吻手礼。吻手礼即男士亲吻女士的手背或手指。吻手礼的接受只限于已婚的女性。男士以右手或双手轻轻抬起女士的右手，俯身弯腰用微闭的双唇，象征性地去轻触一下女士的手背或手指。

二、知识准备

见面礼是人们情感的初次交流，也是人们职业交往的一个重要沟通机会。它为职业人士提供交流沟通的平台，同时也让人们彼此相互审视，做出喜欢或不喜欢的情感判断，为未来的职业交往奠定基础，因此其礼仪规范与禁忌都受到职业人士的普遍重视。

（一）问候礼仪

1. 称呼礼仪。

称呼是指人们在日常交际中用以表示关系的名称，有时也被称为称谓。在人际交往中，得体的称呼不仅体现出称谓人的良好修养，也会使交往对象感到愉快、亲切，促进双方感情的交融，为以后的深层交往打下基础。人际称呼的作用就如交谈前的“敲门砖”，应该礼貌、得体、规范，不可随便乱用。

视频：称呼礼仪

案例

在广告公司上班的王先生与公司门卫的关系处得很好。平时进出公司大门时，门卫都对王先生以王哥相称，王先生也觉得这种称呼很亲切。这天王先生陪同几位来自香港的客人一同进入公司，门卫看到王先生一行人，又热情地打招呼到：“王哥好！几位大哥好！”随行的香港客人觉得很诧异，其中有一位还面露不悦之色。

请同学们讨论：为什么门卫平时亲切的称呼，在这时却让几位香港客人诧异甚至不悦？门卫的称呼有何不妥，应该如何称呼？

（1）职务性称呼：以交往对象的职务相称，以示身份有别、敬意有加，这是一种最常见的称呼。

仅称职务：部长、经理、主任等。

职务之前加上姓氏：周总理、王处长、李主任等。

职务之前加上姓名：张明主任、李晨院长，这适用于正式的场合。

（2）职称性称呼：对于具有职称者，尤其是具有高级、中级职称者，在工作中可以直接以其职称相称。

仅称职称：教授、研究员、律师、工程师等。

职称前加姓氏：王编辑、孙研究员。此种称呼可加以约定俗成的简化，但应以不发生误会和歧义为限。

职称前加姓名：宫相荣教授、曾庆香主任医师、吴维远主任编辑等。它适用于正式的场合。

（3）行业性称呼：在工作中有时可按行业进行称呼。如老师、医生、会计、律师等，在此类称呼前，可加上姓氏或姓名。

（4）性别性称呼：对于从事商界、服务性行业的人，一般约定俗成地按性别的不同分别称呼“小姐”“女士”或“先生”。“小姐”是称未婚女性，“女士”是称已婚女性。

（5）姓名性称呼。

直呼姓名。此种称谓一般限于同事、熟人之间。

只呼其姓，不称其名。但要在姓前加上“老”“大”“小”等前缀。

只称其名，不呼其姓。通常限于同性之间，尤其是上司称呼下级、长辈称呼晚辈。在亲友、同学、邻里之间，也可使用这种称呼。

2. 握手礼仪。

握手礼是世界上很多国家常使用的一种问候礼，用以在相见、离别、恭贺或致谢时相互表示情谊和致意。双方往往是先打招呼，后握手致意。

视频：握手礼仪

> 握手是一门如此有趣的艺术，它让我们在瞬间产生种种推测与判断。握手的信息是无言的，但它却是那么地丰富和微妙。握手是如此的感性，但它却在对方开口之前让我们感受到他的内心活动。
>
> ——凯伦 布朗杰（加拿大形象设计师）

情境案例

艾丽是一位热情而敏感的女士，目前在某著名房地产公司任副总裁。一日，她接待了来访的建筑材料公司主管销售的韦经理。

韦经理被秘书领进了艾丽的办公室，秘书对艾丽说：“艾总，这位是建材公司的销售主管韦经理。”艾丽于是离开办公桌，面带笑容地走向韦经理。韦经理先伸出手来让艾丽握了握。艾丽便客气地对他说：“很高兴你来为我们公司介绍产品。这样吧，让我看看这些材料再和你联系。”

韦经理在几分钟内就被艾丽送出了办公室。以后的几天内，韦经理多次打电话，但得到的都是秘书的回答：“艾总不在。”

那么，到底是什么让艾丽如此反感一个只说了两句话的人呢？

艾丽在一次形象讨论课上提到此事仍然余气未消：“初次见面，他留给我的印象不但是不懂基本的商业礼仪，还没有绅士风度。他是一位男士，位置又低于我，怎么能像一个王子一样伸出高贵的手让我来握呢？他伸给我的手不但看起来毫无生机，握起来更像一条死鱼，冰冷、松软、毫无热情。当我握他的手时他的手掌也没有任何反应，我的选择只有感恩戴德，只差要跪吻他的高贵之手了。”

（1）握手的顺序。握手应根据特定的场合、对象与自身角色，遵循“尊者优先”的原则。长辈、上司主动伸出手，晚辈、下属后伸手。主人与客人之间，客人抵达时主人应先伸手，客人告辞时由客人先伸手。男士与女士之间，男士要等女士先伸手后才能握手，且一般只宜轻轻握女士的手指部位。在平辈同性朋友之间，相见时先伸手为敬。若需与许多人握手，应讲究先后次序。先长辈后晚辈、先上级后下级、先主人后客人、先女士后男士。如果人数较多，可以只和几个主要人士握手，向其他人点头示意即可。

（2）握手的仪态。握手的质量表现了你对别人的态度是热情还是冷淡，因此应注意如下要点（见图2－3）：身体以标准站姿站立，上体略前倾；应伸出右手，四指并拢、拇指张开；目光应注视对方、面带微笑；握力应在一斤左右，持续时间约3—5秒钟。

图 2-3 握手的仪态

阅读：读懂不同国家的握手习惯

（3）握手方式。平等式握手：右手握住对方的右手，手掌均呈垂直状态，拇指张开，手掌微屈抬至腰中部，上身微前倾，这是礼节性的握手，一般适用于商务场合初次见面的人。手扣手式握手：右手握住对方的右手，左手握住对方的右手手背，可以让对方感到真挚情感。切忌在异性握手、初次见面时使用。拍肩式握手：右手与对方的右手相握，左手移向对方的肩或肘部。这种握手方式只有在情投意合和感情极为亲密的人之间才适用。

（4）握手的禁忌：忌用左手握手；忌坐着握手；忌戴有手套，除非是装饰性手套；忌交叉握手；忌力度过大或过小；忌手脏；忌三心二意。

3. 其他见面问候礼仪。

（1）点头礼的做法是头部向下轻轻一点，同时面带笑容。注意不要反复点头，点头的幅度不宜过大。点头礼的适用范围很广，如路遇熟人，或与熟人朋友在会场、剧院、歌厅、舞厅等不宜交谈之处见面，以及遇到多人而又无法一一问候之时，都可以点头致意。

（2）举手礼。举手致意通常不必作声，在公共场合远距离遇到相识的人，一般是抬起右臂，轻轻摆摆手或挥挥帽即可。

（3）行拱手礼时以左手抱握在右拳上，双臂屈肘拱手至胸前；自上而下，或自内而外有节奏地晃动二三下，并微笑着向对方问候。这个礼节能表达感谢、尊敬、问候、祝福、欢迎、告别等。拱手致意常与寒暄同时进行，如“欢迎欢迎”“恭喜恭喜”“请多多关照”“请多多包涵”“后会有期”等。

（4）微笑礼可以用于同不相识者初次会面之时，也可以用于向在同一场合反复见面的老朋友“打招呼”。

（5）欠身礼。致意者可以站着也可以坐着，在目视被致意者的同时，身体微微向前倾，以表示对对方的尊敬之意。

（6）脱帽礼。戴着礼帽或其他帽子的男士，遇到友人特别是女士时，应微微欠身，摘下帽子，并将其置于与肩膀平行的位置，同时与对方交换目光；离开对方时，脱帽者才可以使帽子“复位”。若在室外行走中与友人迎面相遇，只要用手把帽子轻掀一下即可。如要停下来与对方谈话，则一定要将帽子摘下来，拿在手上，等说完话再戴上。如因头痛等原因不能摘帽，应向对方声明，并致歉意。如男士向女士行脱帽礼，女士应以其他方式向对方答礼，但女士不行脱帽礼。

上述几种致意方式，在同一时间对同一对象，可以用一种，也可以几种并用，依自己对对方表达友善恭敬的程度而定。相互致意时要注意文雅，不要一面致意一面高声叫喊，也不要一手致意一手插在衣裤兜里。嘴里叼着香烟致意更是不礼貌的。

（二）介绍礼仪

1. 自我介绍。

（1）自我介绍方式分类。在不同的场合、不同情况，需要作出的自我介绍是不相同的，一般来说有五种方式。

①应酬式自我介绍的方式最简洁，往往只包括姓名一项即可。它适合于一些公共场合和一般性的社交场合，如途中邂逅、宴会现场、舞会、通电话时。它的对象主要是一般接触的交往人。如：“您好！我叫张强。”“您好，我是李波。”

视频：介绍礼仪

②工作式的自我介绍也叫公务式自我介绍，适用于工作之中。它是以工作为中心的自我介绍。为此，这种介绍的内容应包括三方面，即姓名、单位和部门、职务或具体工作担负的职务或从事的具体工作，其中有职务的最好报出职务，职务较低或者无职务的，则可报出目前所从事的具体工作。介绍时应报全称，如：“您好，我叫曾虹，我在××学院××分院教授商务礼仪与沟通。”

学生参与演练！

③交流式自我介绍也叫社交式自我介绍或沟通式自我介绍，是一种刻意寻求交往对象进一步交流的介绍方式，希望对方认识自己、了解自己、与自己建立联系。这种介绍可以包括本人的姓名、工作、籍贯、学历、兴趣以及与交往对象的某些熟人的关系等。如：“您好，我叫张三，现在广州工作。曾在××实验中学读书，我想我们是校友，对吗?”

④礼仪式自我介绍是一种表示对于交往对象友好、敬意的自我介绍。适用于讲座、报告会、庆典等正规而又隆重的场合。这种自我介绍除了姓名、单位、职务外，还应该加入一些适宜的谦辞和敬语，以表示对他人的尊敬。如“女士们、先生们，大家上午好！我叫王英，是博思管理咨询公司的人力资源部经理。我谨代表本公司热烈欢迎各位来宾莅临指导，谢谢大家的支持。”

⑤问答式自我介绍主要适用于应试、应聘和公务交往。这种介绍形式的内容主要包括自己的一些基本情况、特长爱好，有哪些优势能胜任该工作，以给面试官留下好印象，觉得自己有一定的工作能力。同时，还要根据现场的情况，见机行事地介绍一些问题。

（2）自我介绍礼仪。

①自我介绍要控制好时间。自我介绍要简洁、言简意赅，尽可能地节省时间，以半分钟左右为佳，不宜超过一分钟，而且愈短愈好。话说得多了，不仅显得罗嗦，而且交往对象也未必记得住。为了节省时间，作自我介绍时，还可利用名片、介绍信加以辅助。

②自我介绍的内容要真实完整。进行自我介绍时所表达的各项内容一定要实事求是、真实可信。过分谦虚、一味贬低自己去讨好别人，或者自吹自擂、夸大其词，都是不可取的。

③自我介绍的态度要诚恳。作自我介绍时态度要保持自然、友善、亲切、随和，整体上讲求落落大方、彬彬有礼，不能虚张声势、轻浮夸张、矫揉造作。

2. 为他人做介绍。

（1）介绍的正确顺序。介绍时要坚持受到尊重的一方有了解对方的优先权的原则。为他人作介绍的先后顺序大体上有以下几种：把职位低者介绍给职位高者；把晚辈介绍给长辈；把男士介绍给女士；将客人介绍给主人；把未婚者介绍给已婚者；将与自己熟悉、关系密切的介绍给与自己不熟、关系不密切的；把家人介绍给朋友和同事；把本国同事介绍给外国同事。

（2）介绍他人时的礼节要点。介绍者为被介绍者做介绍之前，最好先征求一下被介绍双方的个人意愿，不要贸然行事，让被介绍者感到措手不及。介绍时应特别注意介绍的姿态与动作，手势表达上应注意手心向上示意他人，切忌指点他人，有失尊重。

阅读：适时引荐他人，避免出现尴尬

（三）名片礼仪

1. 取名片。

名片应事先准备好，放在易取的地方，不要现从包、名片夹里取，以免出现临时慌乱找寻不到名片的尴尬局面。

视频：名片礼仪

2. 递名片。

应站立，双手递送。名片上端对着递名片者，让自己的名字冲着对方。如果是中英文双面的，应将对方熟悉的语言那面向上（见图2－4）。如果只能用单手递送时，应该右手递名片，左手接名片，符合右递左接原则。

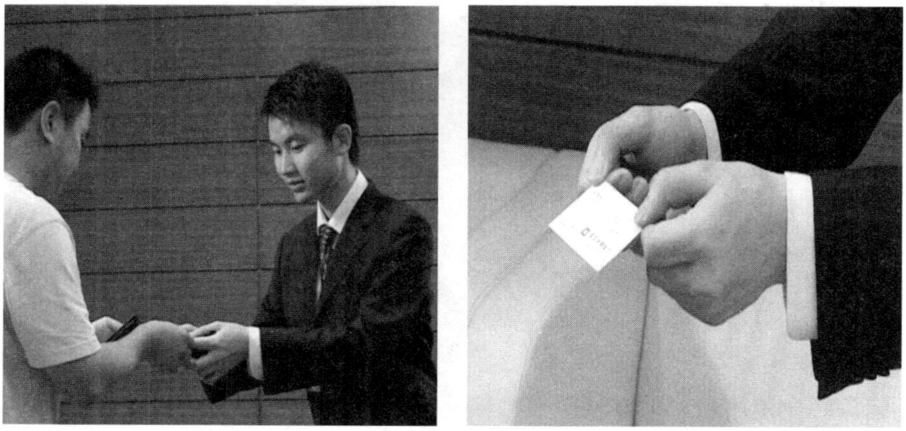

图2－4　递名片

3. 看名片。

拿到对方的名片，应认真阅读对方的姓名、职务、机构，再注视一下对方，以示尊重，也能将名片与人联系起来，更快认识对方。如果是外国人，还可请教其名字发音。

4. 收名片。

看过名片后，应将名片收好，放入名片夹或上衣口袋内。

5. 索取名片的方法。

索取名片的方法有交易法、谦恭法、联络法（平等法）等。

礼节提示

- 双手递送名片，切忌手指夹名片或以左手递名片；
- 适当收藏名片，切忌随意放置或玩弄他人的名片；
- 接受名片后应回赠名片，若不能回赠应表示歉意并说明原因。

阅读：牢记名字 尊重他人

视频：名片的使用

三、任务演练

1. 判断下列握手的动作是否合乎礼仪规范（见图2－5）。

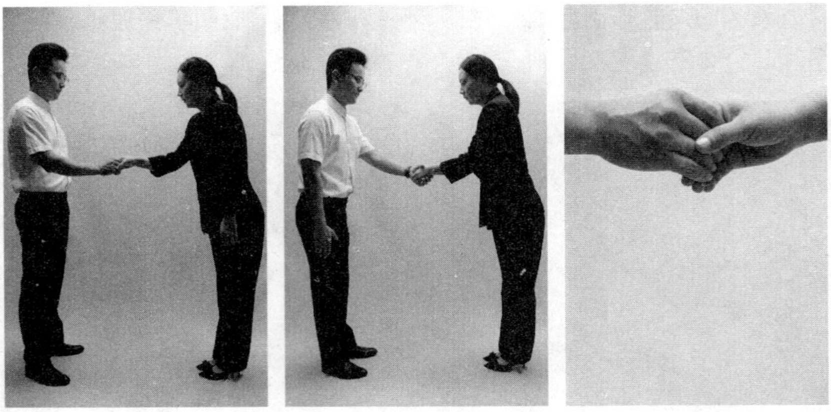

图2－5

2. 纠错训练：使用名片一般分递交、接受、交换和称呼对方职称四个环节。在以下几个环节中找出使用名片时的错误行为，并加以改正。

（1）递交名片：

①在外出前将名片放在容易拿出的地方，以便需要时能迅速掏出。一般男士可将名片放在西裤的口袋里或公文包里，女士可将名片置于钱包内。

②递交名片不需讲究场合。

③一般名片都在告辞时递交。

④为表达对对方的尊敬，一般应用右手递上名片。

⑤递交名片时，应将名片的下方指向对方，以方便对方观看。

⑥递名片时动作要洒脱大方，态度要从容自然，表情要亲切谦恭、面带微笑，同时还应说些友好客气的话语。

（2）接受名片。接受名片者应双手接过名片，认真观看，以表示对递交名片者的尊重，同时便于加深印象。最好是在拿到对方名片之后，迅速记下名片上的内容，包括客户的姓名、客户的职称和公司的类别。

看完名片后要郑重地将其放在名片夹里，并表示谢意。如果是暂放在桌子上，不可以在名片上放其他物品，不可漫不经心地放置一旁。告别时千万不要忘记带走。此外，一定要保存好客户的名片。

（3）交换名片。交换名片体现了双方感情的沟通，表达了愿意友好交往下去的意愿。交换名片时，一定要讲究礼仪礼节，用双手拇指和食指夹住名片的两端递予对方，且须正面朝着客人，不可颠倒着递出去。接过他人的名片时要认真看一看，记住对方的姓名和职务，随即收好。如果是宴会或谈判时交换的名片很多，可把名片按顺序从上到下排列在桌子上，便于分别记忆和交谈时称呼别人。

（4）称呼对方的职称。表明自己已经记住了这位客户，这一步是交换名片过程中的重点，既显示了对客户的尊重，又有助于记住客户的资料。

四、能力拓展

1. 情景分析。

一位教授到一家公司来讲课。公关经理在机场接到这位教授后要安排他与公司总经理见面。请问：双方见面时公关经理应该先介绍谁？为什么？

2. 制作名片。

（1）任务：将全班同学以4—5人一组进行分组，每组设定成一家公司。然后每个同学进行角色分工。根据给定的角色，制作一张符合自己身份的名片，并以电子稿的形式上交。

（2）制作名片知识的拓展：

①名片的类型：通常使用的名片分为私用名片、商务名片和单位名片三种类型。单位名片的主角是单位，其内容大体是两项：一是本单位的全称及其徽号；二是与本单位联络的方法，包括地址、邮编、电话号码、传真号码等。私用名片、商务名片的主角则是个人。

②名片的内容。除单位名片外，通常一张标准的名片应包括以下三个方面的内容：第一，本人所属的单位、徽号以及自己所在的具体部门；第二，本人的姓名、学位、职务或职称；第三，与本人联络的方法，包括单位所在的地址、办公电话号码、住宅电话号码和邮政编码等。

此外，还可酌情列出本单位的传真号码、邮箱地址和手机号码。私人名片和商务名片一般都不提供本人家庭住址。如确有必要，可在交换名片时当场提供。这样做，往往被视为是向交往对象表明自己的重视与信赖。

③名片的规格一般是长8.5—10厘米，宽5.5—6厘米。名片的印制以横排为佳。名片的质地应是柔软耐磨的白板纸、布纹纸。名片的色彩切忌鲜艳、花哨，讲究淡雅端庄，以白色、黄色、乳白、浅蓝为宜。我国的习惯是把姓名印在中间，职务用较小号字体印在姓名之后，外国人习惯姓名印在中间，职务用较小号字体印在姓名下面。如果同时印中外文时，通常一面印中文，另一面印外文，外文要按国际习惯排列。无论是印制个人名片还是商务名片，上面列的职务都不要太多，列一两个主要职务即可，以免给人以华而不实之感。如有必要，可为自己设计几种单位不同、职衔不同的名片，在公务交往中，该用哪一种，就用哪一种。一般来讲，商务人员名片上一般可以有企业标志、单位所处位置、本企业的标志性建筑、主打产品等，但不印其他图片，特别不主张印照片。

阅读：名片的制作

阅读：索要和收藏名片的礼仪

学习子情景三　倾听礼仪

一、知识导入

倾听小细节

小知识

聆听别人讲话，必须做到耳到、眼到、心到，同时还要辅以其他的行为和态度，不少社会学家和心理学家从人际关系角度进行研究，提出了以下聆听技巧：

1. 注视说话者，保持目光接触，不要东张西望。
2. 单独听对方讲话时，身子宜稍稍前倾。
3. 面部保持自然的微笑，表情随对方谈话内容有相应的变化，恰如其分地频频点头。
4. 不要中途打断对方，让他把话说完。
5. 适时而恰当地提出问题，配合对方的语气表述自己的意见。
6. 不离开对方所讲的话题，但可通过巧妙的应答，把对方讲话的内容引向自己所需的方向和层次。

以实际行动，争取做一个优秀的听众。

二、知识准备

视频：倾听礼仪

在人际交往中，多听少说、善于倾听别人讲话是一种高雅的素养。因为认真倾听别人讲话，表现了对说话者的尊重，人们也往往会把忠实的听众视作可以信赖的知己。

> 上天赐人以两耳两目，但只有一口，欲使其多闻多见而少言。
>
> ——苏格拉底（古希腊哲学家）

（一）倾听的要点

在聆听对方谈话时，应做到以下几点：

1. 主动积极。

主动积极即对对方的感觉和意见表示出极大兴趣，并且积极努力去听，去了解对方。如果有不明白的问题，就及时地问清楚。

2. 让对方把话说完，不要打断对方。

有时，谈话并不是一下子就能抓住实质的，应该让对方有时间不慌不忙地把话说完，即使对方为了理清思路作短暂的停顿，也不要打断他的话，影响他的思路。

3. 体察对方的感觉。

一个人的感觉往往比他的思想更能引导他的行为，愈不注意对方的感觉，就愈不会彼此沟通。

4. 不要匆忙做结论。

一个善于交谈的人，应该努力弄懂对方谈话的内容，尽量把握他的意思。

5. 要关怀、了解和接受对方。

要鼓励或帮助对方寻求解决问题的途径，这种态度若是真诚的、不带虚假的，定能奏效。

6. 要全神贯注地聆听，不要做无关的动作。

对方谈话时，如果你东张西望，或低头只顾自己的事情，或面露不耐烦的表情，都是不礼貌的，会使对方反感。

7. 不必介意对方谈话时的语言和动作特点。

有些人谈话时常常带口头语或做一些习惯动作。对此，你不必介意，更不要分散自己的注意力，应将注意力放在对方谈话的内容上。

8. 要注意反馈。

聆听对方谈话要注意信息反馈，及时验证自己是否已经理解对方的意思。你可以简要地复述一下对方的谈话内容，并请他纠正，这样将有助于你对对方谈话内容的理

主宾一致，友好和谐

解。实例："不知我是否理解你的话，你的意思是……"一旦确定了对他的理解，就要进入积极实际的帮助和建议阶段。

9. 交谈时，反应要冷静。

一个善于聆听的人，总能控制自己的感情。过于激动，无论对讲或听的人来说，都会影响表达或听取的效果。不要匆忙下结论，不要急于评价对方的观点，不要急切地表达建议，不要因为与对方见解不同而产生激烈的争执。要仔细地听对方说些什么，不要把精力放在思考怎样反驳对方所说的某一个具体的小观点上。

10. 要注意语言以外的表达手段。

一个人的表达内容，并不一定都在他的话语中，因此，在聆听对方的谈话时，还要注意对方的声调、情调、态度，以及眼神、表情、手势、动作等，以便充分了解对方的本意。

11. 要抓住主要意思，不被个别枝节所吸引。

善于聆听的人，总是注意分析哪些内容是主要的，哪些是次要的，以便抓住问题的实质，避免造成误解。

12. 要使思考的速度与讲话的速度相适应。

思考的速度通常要比讲话的速度快若干倍，因此，在聆听对方谈话时，大脑要抓紧思考分析。如果在对方谈话时，自己心不在焉、不动脑筋，没记住对方谈话的内容，不得不让对方重复谈话内容，就很耽误时间，影响工作效率，也显得不尊重对方。

13. 不要总想占主导地位。

不要表现自己，好象无所不知。自以为是的人，往往最不会聆听对方的谈话。

（二）倾听的禁忌

1. 不能左顾右盼，目光必须集中在讲话者的身上。
2. 不能经常打断别人的讲话。
3. 不能心不在焉，一边保持手中的动作一边听别人讲话是很不礼貌的行为。
4. 不能假装在听，在别人说话时走神是最大的禁忌。
5. 与人讲话时，过于强硬地坚持自己的观点而与对方发生争执，不是有礼貌的倾听。

（三）对非语言信息的积极"倾听"

非语言信息常常比语言信息更加难以正确理解，因为同一个信息（比如微笑或者交叉手臂）可能传达着完全不同的几种意思。因此，最好通过下面三个步骤来检验你的理解是否正确：

1. 告诉对方你所看到和听到的，借以得出自己的结论。
2. 试探性地告诉对方你对其动作的理解。
3. 询问对方你的结论是否正确。

例如：

1. "我问你是否愿意一起去我学习结花边的课堂，你只是轻轻地说：'听起来好像很有意思。'然后就转移了话题。我觉得你不是真的想去，对吗？"
2. "你刚才说喜欢你的职业，可是又皱了皱眉头。是不是有什么令你不太满意？"
3. "你不停地打哈欠，我觉得你是不是想回家了？"

（四）有效倾听的注意事项

首先，让诉说者放松。两个人都坐下来，并且在同一高度上。面对面时，距离比一般的社交距离稍近些较好。如果诉说者一开始情绪激动，必然导致无法把事情说清楚，此种情况常见于女性诉说者。此时作为同性，拥抱和拍抚都是很好的稳定对方情绪的方法。倾听中，目光专注柔和地看着对方，适时给出回应，比如点头和“嗯”，表示正在专心倾听。没有听懂或弄清楚的地方要及时提出并沟通，以免造成误解。但不要喧宾夺主，更不要把话题扯开。在对方说完前不要急于发表观点，也不要提前在心中作出预判，尽量避免将对方的事情染上自己的主观色彩，耐心听完。对方说完后，有条件的话，让他喝一杯热茶或其他饮料使他振奋起来，让他感受到被人关心。无论对方说的事情在自己看来多么可笑幼稚，都是对方对我们的信任，所以，不要嘲笑或以高姿态评点对方。即使不赞同对方的想法，也要给予对方理解和安慰。如果有尚待解决的问题，可以帮对方把事情从头到尾疏理一遍，从对方的观点看问题，尝试从多个角度切入问题，尽可能地确保客观和公正。提出自己的想法。帮对方参谋而不是作决定。决定应由当事人自己作出。

阅读：与客户面对面沟通的技巧

三、任务演练

1. 判断自己是否是一名优秀的倾听者与说话者。每题有三种答案可供选择，答题后根据计分来评判自己的交谈能力。

（1）当有人与你交谈或对你讲解一些事情时，你是否常觉得很难聚精会神地听下去？

A. 是的　　B. 有时觉得　　C. 从不觉得

（2）与人交谈中，你是否觉得“跟他多讲几句没意思”？

A. 是的　　B. 有时觉得　　C. 从不觉得

（3）你是否觉得太过于表现自己的人是肤浅和不诚恳的？

A. 是的　　B. 有时觉得　　C. 从不觉得

（4）你与一大群人或朋友在一起时，是否觉得孤独或失落？

A. 是的　　B. 有时觉得　　C. 从不觉得

（5）你是否觉得需要独处才能清醒和整理好思绪？

A. 是的　　B. 有时觉得　　C. 从不觉得

（6）你是否只对经过千挑万选的朋友吐露自己的心事？

A. 是的　　B. 有时觉得　　C. 从不觉得

（7）在与一群人交谈时，你是否时常发觉自己在胡思乱想一些与交谈话题无关的事情？

A. 是的　　B. 有时觉得　　C. 从来没有过

（8）你是否时常避免表达自己的感受，因为你认为别人不会理解？

A. 是的　　B. 有时觉得　　C. 从来没有过

（9）当一些你不太熟悉的人对你倾诉他的生平遭遇以求同情时，你是否觉得不自在？

A. 是的　　B. 有时觉得　　C. 从不觉得

每道题选 A 可得 3 分，选 B 可得 2 分，选 C 可得 1 分。

24—27分：表示你只有在极需要的情况下或者对方与你志同道合时，才同别人作较为深入的交谈，但你仍不会把交谈作为发展友情的主要途径。除非对方愿意主动频频跟你接触，否则你便总处于孤独的个人世界里。

20—23分：表示你的性格接近孤僻，不太容易与人交谈。

13—19分：表示你比较容易跟别人交谈。如果你与对方不熟识，开始会内向，不大愿意跟对方交谈。但时间久了，你便乐意常常搭话，彼此谈得来。

9—12分：表示你与别人交谈不成问题，你非常懂得交际，较易产生一种热烈气氛以鼓励别人多开口，同你谈得拢。

2. 案例分析。

美国知名主持人林克莱特一天访问一名小朋友。问他："你长大后想要当什么呀？"

小朋友天真地回答："嗯……我要当飞机的驾驶员！"

林克莱特接着问："如果有一天，你的飞机飞到太平洋上空所有引擎都熄火了，你会怎么办？"

小朋友想了想："我会先告诉坐在飞机上的人绑好安全带，然后我挂上我的降落伞跳出去。"

当在现场的观众笑的东倒西歪时，林克莱特继续注视着孩子，想看他是不是个自作聪明的家伙。没想到，孩子的两行热泪夺眶而出，林克莱特发觉这孩子的悲悯之情远非笔墨所能形容。

于是林克莱特问他："为什么要这么做？"

小孩的答案透露出一个孩子真挚的想法："我要去拿燃料，我还要回来！"

试问：这个案例对你有什么启示？

四、能力拓展

1. 情景演练：

A是某公司售后服务部门的经理。B是购买该公司产品——电吹风的消费者。B在使用过程中，因为头发进入了电吹风的散热口，使得电吹风短路了。B认为是A公司的产品质量有问题，要求更换，而A认为是B人为使用不当引起的。

模拟双方的对话，并注意倾听技巧的运用，让班里其他同学进行点评，最后教师总结。

2. 倾听情形判断。

在听话的过程中，要学会"表里透视"，即指在倾听过程中分析和把握对方语言的字面意义和深层意义。一般语言中的含义有4种情形可作判断：

（1）是正话反说还是反话正说；

（2）是真心话还是违心话；

（3）是友好话还是牢骚话；

（4）是正确话还是错误话。

阅读：让他人喜欢和自己交谈

情景分析：一次，某外商向某公司购买香料油，出价每公斤30美元，我方开价50美元。对方情急之中露馅了："不，不，你们怎么能指望我们出40美元以上的价呢？"我方立即抓住他的话，巧妙地反问："这么说，您愿意以 40 美元成交？"外商见露了底，只得说："可以考虑。"谈判结果是以每公斤 40 美元成交。

请分析：这次外贸谈判的顺利与成功是什么原因？

学习子情景四　接待礼仪

一、知识导入

案例

接　待　礼　仪

天地公司的初萌是一个新员工，她在前台负责接待来访的客人和转接电话。还有一个同事小石和她一起工作。每天刚上班后的一到两个小时之间是她们最忙的时候，电话不断，客人络绎不绝。一天，一位与人力资源部何部长预约好的客人提前 20 分钟到达。初萌马上通知人力资源部。部长说正在接待一位重要的客人，请对方稍等。初萌转告客人说："何部长正在接待一位重要的客人，请您等一下。请坐。"正说着电话铃又响了，初萌匆匆用手指了一下椅子，去接电话。客人面有不悦。小石接完电话后，赶快为客人送上一杯水，与客人闲聊了几句，以缓解客人的情绪。

问题讨论：秘书初萌有什么不妥的地方？秘书接待应做好哪几方面的准备工作？

二、知识准备

商务接待是很多企业员工的经常性工作。在接待中的礼仪表现不仅关系到自身的素养，还关系到企业的形象。给客人良好第一印象，就为下一步深入接触打下了基础。接待礼仪越来越受到商界的重视。商务接待一定要注意接待规格与来人的级别相匹配；商务接待要因人而异，了解对方的需求，灵活运用。

（一）迎客准备

1. 接待日程。

接待日程，即接待来宾的具体日期安排。其基本内容应包括迎送、会见、谈判、参观、游览、宴请等。

在一般情况下，接待日程的具体安排应完整周全、疏密有致。它的制订，通常应由接待方负责，但亦须宾主双方先期有所沟通，以使来宾一方的要求能被充分予以考虑。接待日程一旦确定，应向来宾立即进行通报。

2. 场所。

接待场所即我们通常说的会客室。在客人到达前要根据具体情况整理布置会客室，适当准备香烟、水果、饮料、茶具，摆放鲜花等。

如果是商业或其他公务会谈，还应准备一些文具用品和可能用上的相关资料，以便使用和查询。总之，会客室应本着整洁、美观、方便的原则来布置。

3. 接站。

来访者到来之前，要了解客人是乘坐什么交通工具而来。如果是带车来访，那接待方在自家门口做好准备即可；如果客人是乘汽车、火车、飞机、轮船而来，就应做好接站的准备，带车前往车站、码头或机场候客。

同时还要准备一块接客牌，上面写上“迎接×××代表团”或“迎接×××同志”或“××接待处”等字样。迎接时要举起接客牌，以便客人辨认。妥善做好这些工作，能给客人以热情、周到的感觉，不至于因环境不熟、交通不便给客人带来困难和麻烦。

4. 安排食宿。

（1）提前跟宾客沟通，了解客人的生活习惯、饮食禁忌。

（2）主人应根据宾客的身份及预留时间预定酒店。

5. 接待者的仪容仪表。

接待者的仪容仪表关系到企业的形象。因此，接待者对自己的服饰、仪表要做恰当的准备，不可随随便便。特别是夏季更应注意，不要穿背心、短裤、拖鞋接待客人。古今中外，人们都把主人仪表整洁与否同尊重客人与否直接联系起来。

6. 交通工具。

出于方便来宾的考虑，对其往来、停留期间所使用的交通工具，接待方亦须予以必要的协助。接待方为来宾联络或提供交通工具时，应尽力而为；而当来宾自备交通工具时，则应提供一切所能提供的便利。

（二）正式接待

1. 会面。

“出迎三步，身送七步”是迎送宾客最基本的礼仪。根据客人的到达时间，主人应提前在指定迎接地点进行等候，以示对宾客的尊敬。

见到客人，主人应热情打招呼，主动伸出手相握以示欢迎，同时要说“您路上辛苦了”“欢迎光临”等寒暄语。

如客人提有重物应主动帮其提拿，但不要强行帮客人拿手提包或公文包。

2. 引领方法。

（1）在走廊的引领方法。接待人员应走在客人的左（或右）前方，距离宾客二三步远，配合步调不能走得太快或太慢，在引领时要频频回头观望，确定宾客能跟得上，照顾好客人。

视频：接待手势

（2）上下楼梯的引领方法。上楼时，客人在前边，引导人员在客人右后方；下楼时，客人在后面，引导人员在客人的左前方，距离为一、两个台阶。不要走的太快，同时要让客人走楼梯的内侧，主人走外侧。上、下楼梯时要提醒客人“小心台阶”等。另外带领穿着短裙女客人上楼梯时，男性接待人员应走在女士前面。若接待人员为女性，穿的是短裙，为避免尴尬，应走在客人的后面。

小思考：图2-6中女性接待员引领方式正确与否？

图 2－6　女接待员引领

（3）乘坐电梯的引领方法。引导客户搭乘电梯的礼仪主要强调的是以客为尊，先客后己。为了避免发生踩脚、夹门等事件，接待人员要时时刻刻想着为客户控制好电梯开关，在确保没有任何危险的情况下再让客户出入。具体来说，搭乘电梯的礼仪主要包含如表 2－3 所示的五种。

表 2－3　　搭乘电梯的礼仪

搭乘电梯的礼仪	
1	引导客户进电梯，控制电梯门，让访客安全进入。
2	如电梯内客满，应先出来几位同仁，让访客先进入。
3	如电梯内有同仁，应让他帮忙按住开门键，让访客先进入。
4	狭小的空间内，不要背对访客站立，也不要面对面，最好与访客保持 45 度的斜角，用余光观察客户。
5	抵达目的地，控制电梯门，让访客先离开，并清楚示意访客应该往哪个方向去。

（4）会客厅里的引导方法。当客人走入会客厅，接待人员应用手指示，引领客人坐定后，再行点头礼离开。如果客人错坐下座，应请客人改坐上座。

3. 介绍。

介绍礼是引导访客不可或缺的一部分内容，也是接待人员必须掌握的一项技能。

当访客与公司的同仁初次见面时，需要进行访客介绍。介绍访客要掌握合适的介绍顺序。本着以客为尊的原则，首先要将自己单位的同仁介绍给对方："这是我公司的某某，担任某某职位。"如果双方辈分相同，为了体现女士优先的原则，要先将男士介绍给女士。在把晚辈介绍给长辈的过程中，要以长者为尊，首先要将晚辈中的女性介绍给长辈。如果双方中的一方只有一个人，那就应先将个人介绍给团体。

总而言之，介绍礼要符合社会规范，遵循一定的顺序，各种顺序在不同的场合中要灵活搭配使用。

4. 敬茶。

接待客户必不可少的一项服务是奉茶。饮茶是我国传统，小小一杯茶包含着博大精深的中国文化。一名优秀的接待人员，一定要学会用适宜的奉茶礼仪展现个人乃至公司良好的专业素养。

视频：茶水礼仪

奉茶的具体方法及注意事项如表 2－4 所示：

表 2－4　　奉茶的方法

奉茶与接待的方法		原因
1	依季节选择适合的茶饮	不同的季节有不同的饮茶习惯
2	杯缘勿以手指拿捏	手指会将杯口弄脏
3	两杯以上要使用托盘端茶	用托盘递茶可以避免引起“右尊左辅”的传统说法，从而避免不必要的误会
4	托盘勿置于前胸	托盘离口、鼻太近，容易造成污染
5	右手握在杯子下半段二分之一处，左手在下托着茶杯	避免手将杯口弄脏
6	将茶杯搁置在客人方便拿取之处	避免茶杯被打翻
7	茶水以七分为敬，不宜过满	避免客人因茶水外溢而失礼

小知识

奉茶礼仪

奉茶在日本称为出茶。平常出茶是日本公司人员的工作之一。出茶一般是三回：早上到公司时、上午10时、下午3时。所以，客人来的时候出茶是一种常识。仅仅一杯茶，工作将更加有活力，气氛也会变好。

首先按照人数准备好茶碗、茶托、小茶壶、杯垫和小毛巾，把水烧开。不洁净及破损的茶碗禁止使用。小毛巾用来擦拭洗好的茶碗，有时也在倒茶的时候使用。小茶壶内装置过滤茶叶的容器，要留心不要让茶叶进入茶碗。

为了有更好的口感，要先把茶碗、小茶壶弄温。茶叶的份量以一汤匙三人份为宜。日本茶最适宜的温度是80℃左右。把沸腾的水注入，到茶叶的味道出来要花二三十秒，茶水量目测七八分就好。

从小水壶往茶碗倒茶的时候，先往全部人数份的茶碗倒一半茶，然后追加，目测到七八分满，尽量做到茶的浓度平均。

给公司职员递茶时，宜用托盘载放。从高职位的人开始依顺序递茶。有访客的场合，首先从客人开始。访客从职位高的人开始递茶，如果点心也一起端上的话，则按点心、茶的顺序来。

进入房间的时候，轻敲房间的门然后进入。茶放在托盘上，齐胸送出；递茶的时候，配合着说“请”。然后把托盘放在旁边的桌子上，再分送茶。离开房间的时候，在门口时低着头退出房间。

如果桌子上放有书之类，可询问是否可以移开，既不失礼也不会因贸然移开原有物品而令对方不满。放置的位置以从对方角度来看，左边点心右边茶为宜。

若客人来访时间较长，根据喝茶的情况，应分次敲门进入继入新茶。客人的茶具宜等客人离去后再收拾。

5. 接待中的谈话。

谈话是待客过程中的一项重要内容，是关系到接待是否成功的重要一环。首先，接待谈话用语应该因人而异，区别对待。其次，谈话要紧扣主题。因此谈话要围绕双方会谈的目的，不要偏离主题。再次，要注意谈话的态度和语气。谈话时要尊重他人，回答客人问题应热情耐心，用词准确。不要恶语伤人，不要强词夺理，语气要温和适中，不要以势压人。

（三）送客礼仪

送客是接待的最后一个环节，重在送出一份友情。如果处理不好将影响到整个接待工作的效果。

1. 婉言相留。

无论是接待什么样的客人，当客人准备告辞时，一般应婉言相留，这虽是客套辞令，但也必不可少。

2. 送客有道。

不同的客户应享受不同的送客礼，虽然都是谦恭有礼，但是每个公司要根据不同情况将客户送至不同的地点。一般来说，客户离开时都应受到“全员送客礼”。其他的主要送客礼还可以送至电梯、门口、车旁以及车站或机场。

（1）全员送客礼。客户结束会谈将要走出公司时，必然要经过许多办公室。员工只要看见访客就应该马上站起，抬头看着客户说“谢谢！再见!”。一定要力求做到“人人迎宾，人人送客”（见图2－7）。这样的举动看似小题大做，其实很有必要，它会带给客户宾至如归的感觉。

（2）送至电梯口，等电梯即将关上时，再次行礼道再见。将客户送到电梯口时，接待人员在电梯门关上之前，应对客户注目相送，在电梯即将关上之时示意或做最后一次的鞠躬礼，说“谢谢，欢迎再次光临！再见!”如图2－8所示。

图2－7　全员送客礼

图2－8　搭乘电梯时送客礼

（3）送至大门口，目送客人离开才可返回工作岗位。接待人员如果将客人送到门口，应等客人即将离开时做最后一次鞠躬，同时说声“谢谢，欢迎再次光临”，并目送客人的身影直至消失不见才可返回自己的工作岗位。如图2－9所示。

（4）送至汽车旁，等车子开走才可离开。如果将客户一直送到他的车旁，一定不要忘了在将关车门的一刹那做最后一次鞠躬并说“谢谢，请注意行车安全”，然后目送车子离开，直至看不见车影才可离开。如图2－10所示。

图2－9 门口送客礼

图2－10 搭车时送客礼

（5）送至车站、码头或机场。根据需要可将客人送至车站、码头或机场。如需亲自到车站、码头或机场送客时，不要表现得心神不宁，以使客人误解在催他赶快离开。送客到机场，最好等客人通过安检后再返回。

三、任务演练

1. 案例分析。

1962年，周总理到西郊机场为西哈努克亲王和夫人送行。亲王的飞机刚一起飞，我国参加欢送的人群便自行散开，准备返回，而周总理这时却依然笔直地站在原地未动，并要工作人员立即把那些离去的同志请回来。那次总理严厉地批评了相关同志。

周总理把外交部礼宾司和国务院机关事务管理局的负责同志找去，要他们立即在《礼宾工作条例》上加上一条，即今后到机场为贵宾送行，须等到飞机起飞，绕场一周，表示谢意后，送行者方可离开。

分析周总理为什么严厉地批评相关同志？工作人员违反了什么送客礼仪规范？

2. 接待不速之客的技巧训练。

作为公司职员，难免会遇到影响我们正常工作的不速之客。那么，我们该如何接待不速之客，既显示出我们的礼貌，又不会因此而影响我们的工作呢？不速之客可能是客户、同事，因此我们要根据他们身份的不同，采取不同的措施。思考并讨论以下几种情况下操作方法有无问题？如何改进？

（1）领导的上级或客户。应该热情地请他们到会客室就座，并说“您稍等一下”，然后马上告诉领导，再按领导的指示接待、安排。

（2）领导的亲朋。请他们到会客室就座，并马上通知领导，再按领导的指示接待。

（3）公司内部的管理人员。他们如果说有急事要见领导的话，可以让他们等久点。

（4）推销员。指引他们自己去他们要拜访的部门或者借故推脱掉。

（5）客户。有些客户来访的问题很简单，根本不需要领导出面就可以解决。可以介绍他们去找相关部门的主管或相关人员交涉，直接向他们指明该部门的名称、位置。

（6）其他要求拜访领导的不速之客。先请对方报上姓名、单位、来访目的等基本资料后，再去请示领导，由领导自己决定是不是会见。

四、能力拓展

1. 接待人员引导方法和姿势的正误判断：

（1）在走廊处的引导方法。接待人员走在客人二三步之前，配合步调，让客人走在外侧。

（2）在楼梯处的引导方法。当引导客人上楼时，应该让客人走在后面，接待人员走在前面；若是下楼时，应该由接待人员走在前面，客人在后面。

（3）在电梯处的引导方法。引导客人乘坐电梯时，接待人员先进入电梯，等客人进入后关闭电梯门。到达时，接待人员按“开”的按钮，让客人先走出电梯。

（4）在客厅里的引导方法。当客人走入客厅，接待人员用手指示，请客人坐下，看到客人坐下后，才能行点头礼后离开。如客人错坐下座，应对客人说“你做错了，不应该坐在这里，应该坐在那边”。

2. 商务接待活动的设计。

学生4—5人一组设计某个商务接待活动，制定商务接待方案，并进行角色的扮演。在这过程中需要注意商务接待礼仪，并有效实施。最后学生互评，教师点评。

阅读：商务会客礼仪

学习子情景五　位次排列礼仪

一、知识导入

案例

位次排列礼仪

业务员小刘陪同一位重要的客人参加商务谈判。谈判进行得很顺利，双方初步达成了合作意向。之后主人举行了一个小型餐宴，这位客人作为贵宾一直受到殷勤周到的接待，但当被热情地引到餐桌前就坐时，却被安排在了最下座。结果，用餐时气氛让人感到不那么融洽，最后合作协议也不了了之。

良好的礼仪能够增强彼此交往的认可度和信任度。位次安排是商务礼仪的重要部分，反映出个人或公司的基本素养，是规模较大的公司或者高端人士需要特别注意的。通过恰当妥善的位次安排，来宾能感受到被认可和尊重的地位，以及细致的工作作风和态度。有时候，往往因为座位没有摆好摆对，摆上再好的鱼翅和燕窝都是没有用的。

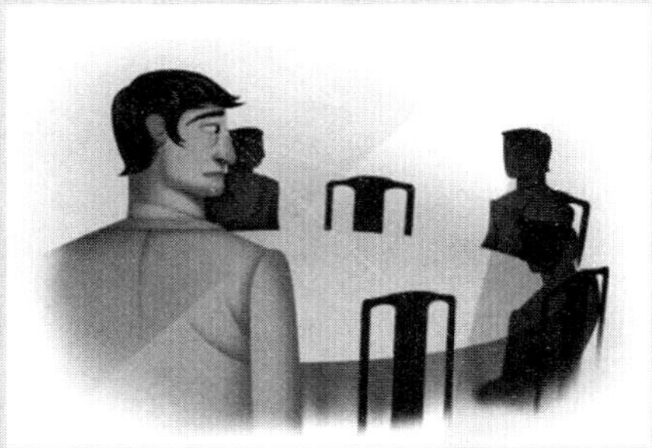

二、知识准备

作为商务人员，经常会安排各种各样的位次。位次的安排上有哪些礼仪规范呢？

（一）迎送中的位次排列

1. 进入房间。

（1）门如果是向内开，打开后，自己先行入内，然后一只手按着门把，轻轻点头示意访客进入，这时引导的人可以站在门后阴影处，基本上以露出半身较为合宜。

（2）若门是向外开，打开门后同样以单手按住门把，先稍微行个礼再请访客入内，就好像将访客送进去般的姿势，然后自己再进去，背对门将门带上，引导来客入座。

（3）特殊情况时，如双方均为首次到一个陌生房间，陪同人员宜先入房门。

2. 乘车。

（1）小轿车。以五座小轿车为例，应根据司机的身份而定。

①专职司机驾驶时，以后排右侧为首位，左侧次之，中间座位再次之，副驾驶座为末位。见图2－11所示。

②主人亲自驾驶时，以驾驶座右侧为首位，后排右侧次之，左侧再次之，而后排中间座位为末席。但若主人开车，其配偶在车上时，则由主人夫人坐前座，副驾驶座便不再是尊位。见图2－12所示。

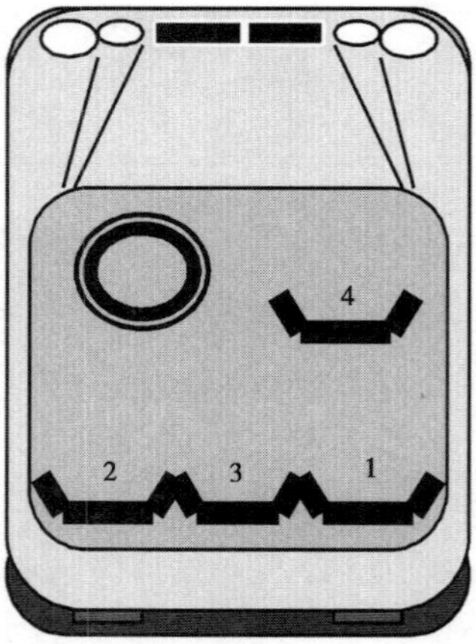

图2－11　小轿车由司机驾驶时

图2－12　小轿车由主人驾驶时

（2）吉普车。前排驾驶员身旁的副驾驶座为上座，其他座位由尊而卑依次应为：后排右座，后排左座。

（3）旅行车。在接待团体客人时，多采用旅行车接送客人。旅行车以司机座后第一排即前排为尊，后排依次为小。其座位的尊卑，依每排右侧往左侧递减。

（4）动车。以舒适、方便之处，面向前方、临窗之座为上。目前动车的座位安排如图2－13所示。

一等座座席号：A、F靠窗，C、D靠过道。二等座座席号：A、F靠窗，C、D靠过道，

B 在三人座中间。

高铁座位分布图座席排号从车厢 1 位端开始按顺序编排，用阿拉伯数字表示。座椅位置采用 A、B、C、D 和 F 五个字母来表示，如：3 +2 座椅排列中，3 人座椅用 A、B、C 表示，分别代表靠窗、中间和靠走廊位置，2 人座椅用 D、F 表示，分别代表走廊和靠窗位置；2 +2 座椅排列（包括二等座/餐车的座椅）分别用 A、C 和 D、F 表示；2 +1 座椅排列分别用 A、C 和 F 表示；1 +1 座椅排列（包括二等座/餐车的座椅）分别用 A 和 F 表示。即无论何种排列，A、F 都代表靠窗座席，B 代表中间位置，C、D 代表靠走廊座席。

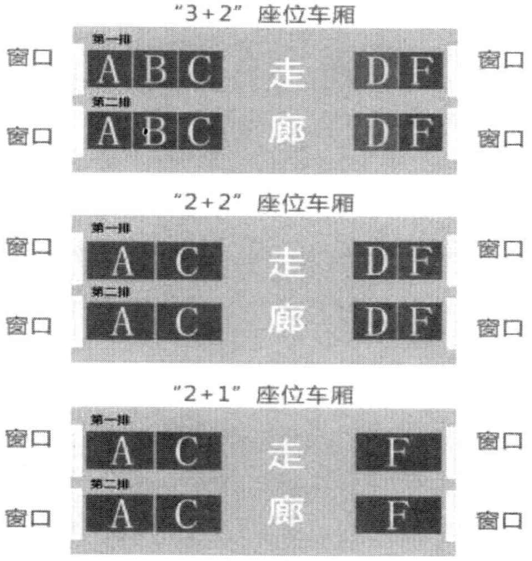

图 2 －13

就座礼仪上一般在前排的为上，靠窗为上，因此，在选择座位时可有所考虑。

（5）公共汽车。临窗为上，临近通道为下。

（二）会客中的位次排列

会客，也叫会见、会晤或者会面。它所指的多是礼节性、一般性的人与人之间的相互交往。在会客时，安排位次具体有下述五种基本方式。

视频：座次礼仪

1. 相对式。

相对式具体做法是宾主双方面对面而坐。这种方式显得主次分明，往往易于使宾主双方公事公办，保持距离。这种方式多适用于公务性会客，通常又分为三种情况。

（1）双方就座后，一方面对正门，另一方背对正门。此时讲究“面门为上”，即面对正门之座为上座，应请客人就座；背对正门之座为下座，宜由主人就座。

（2）双方就座于室内两侧，并且面对面地就座。此时讲究进门后“以右为上”，即进门后右侧之座为上座，应请客人就座；左侧之座为下座，宜由主人就座。

（3）当宾主双方不止一人时，客人就座于进门后的右侧里面的位置上，而客人的随同人员就座于右侧离门较近的位置。主人面对客人就座，主人的随同人员面对客人的随同人员就座。

2. 并列式。

并列式基本做法是宾主双方并排就座，以暗示双方“平起平坐”，地位相仿，关系密切。它具体分为两类情况。

（1）双方一同面门而坐。此时讲究“以右为上”，即主人宜请客人就座在自己的右侧面。若双方不止一人时，双方的其他人员可各自分别在主人或主宾的侧面按身份高低依次就座。如图 2 －14 所示。

（2）双方一同在室内的右侧或左侧就座。此时讲究“以远为上”，即距门较远之座为上座，应当让给客人；距门较近之座为下座，应留给主人。如图 2 －15 所示。

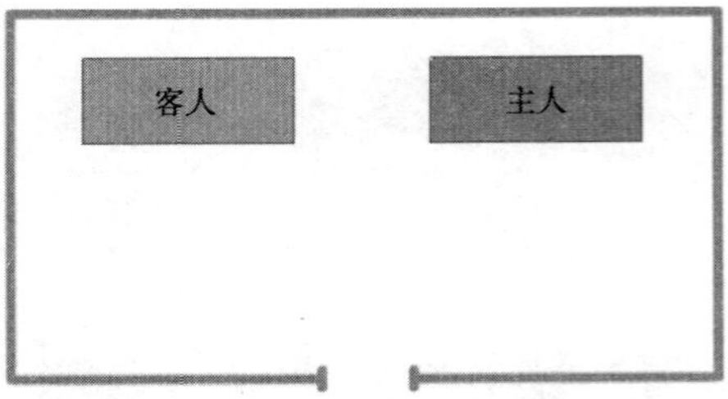

图2－14　双方一同面门而坐

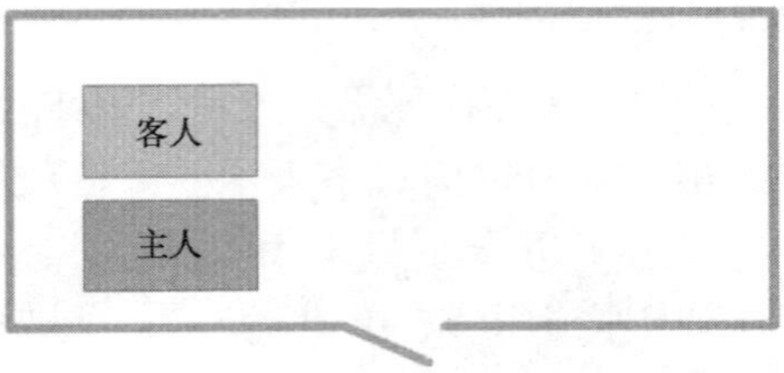

图2－15　双方同侧就座

3. 居中式。

所谓居中式排位，实为并列式排位的一种特例。它是指当多人并排就座时，讲究“居中为上”，即应以居于中央的位置为上座，请客人就座；以两侧的位置为下座，而由主方人员就座。如图2－16所示。

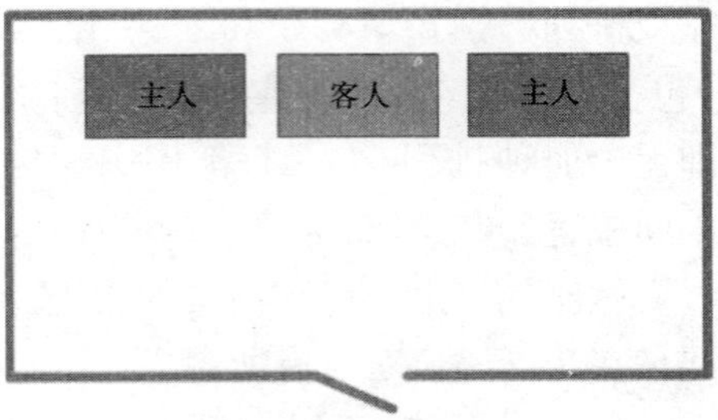

图2－16　居中式

4. 主席式。

主席式主要适用于在正式场合，由主人一方同时会见两方或两方以上的客人。此时，一般应由主人面对正门而坐，其他各方来宾则应在其对面背门而坐。这种安排犹如主人正在主持会议，故称之为主席式。

5. 自由式。

自由式的座次排列，即会见时有关各方均不分主次、不讲位次，一律自由择座。自由式通常用在客人较多、座次无法排列，或者大家都是亲朋好友，没有必要排列座次时。进行多方会面时，常常采用此法。

（三）谈判中的位次排列

在商务交往中，当不同的公司为了各自的经济利益在一起进行接洽商谈时，就出现了谈判。为了表示谈判的严肃性，人们对谈判的位次十分重视。谈判位次的排列，可分为两种基本情况。

1. 双边谈判。

（1）横桌式。横桌式座次排列，是指谈判桌在谈判室内横放（一般标准的谈判桌是横放的），客方人员面门而坐，主方人员背门而坐（见图2－17）。除双方主谈者居中就座外，各方的其他人士则应依其具体身份的高低，各自先右后左、自高而低地分别在己方一侧就座。双方主谈者的右侧之位，在国内谈判中可坐副手，在涉外谈判中，一般是翻译之位。

（2）竖桌式。竖桌式座次排列，是指谈判桌在谈判室内竖放。具体排位以进门时的方向为准：右侧由客方人士就座，左侧则由主方人士就座。在其他方面，则与横桌式排座相仿，同样是中央高于两侧，右侧高于左侧。如图2－18所示。

2. 多边谈判。

多边谈判是指谈判的参加者是三方或者是三方以上，而不像双边谈判只有两方参加。多边谈判的座次排列有两种常规情况。

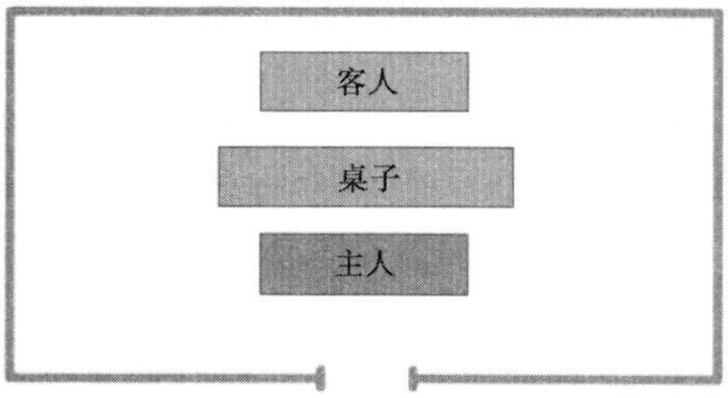

图 2-17　横桌式

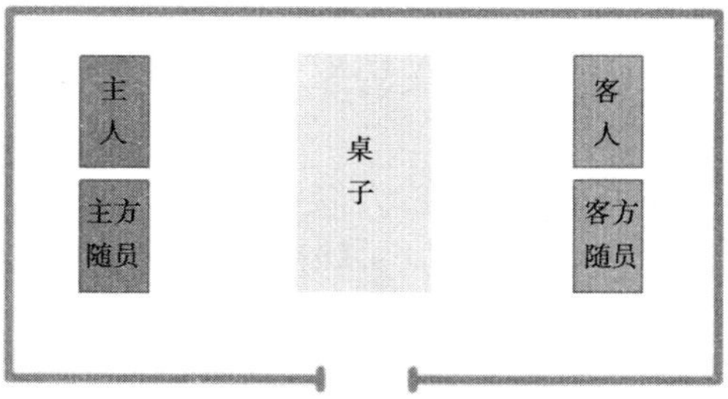

图 2-18　竖桌式

（1）自由式。自由式座次排列即参加谈判的各方可自由就座，而毋须事先正式安排座次。

（2）主席式。主席式座次排列，是指在谈判室内，面向正门设置一个主席位，由各方代表发言时使用。其他各方人士，则一律背对正门、面对主席之位分别就座。

（四）签字仪式的位次排列

签字仪式，通常是指订立合同、协议的各方在合同、协议正式签署时所正式举行的仪式。签字仪式可分为双边签字仪式和多边签字仪式。

1. 双边签字仪式。

举行双边签字仪式时，签字桌在签字厅里横放，双方签字者面对房间正门就坐，惯例为右高左低。面对房门的右侧坐的是客方，面对房门左侧的是主方，依旧以客为先。双方的助签人，站在各自主签者的外侧。其他参加仪式的人有两种排列方法。其一，坐在各自签字者的对面。其二，站在双方签字人的身后，一般需要呈直线型，单行或者多行并排站立在签字者身后，并面对房间正门。通常，面对房门、站在右侧的人是客方，站在左侧的人是主方，同时强调，中央高于两侧，也就是双方地位高的人站在中间，站在最外面的人地位相对较低。如果站立的签字参加人员有多排，一般还讲究前排高于后排，站在第一排的人地位较高。

2. 多边签字仪式。

举行多边签字仪式，签字桌仍须在室内横放，签字席设在桌后，面对正门，但只设一个，并且不固定其就座者。举行仪式时，所有各方人员，包括签字人在内，皆应背对正门，面向签字席就座。签字时，各方签字人应以规定的先后顺序依次走上签字席就座签字，然后退回原位就座。

（五）宴会位次排列

吃饭本是一件放松的事。许多人在正式会谈结束后，更是希望在饭桌上轻松轻松，远离公务。然而，轻松并非意味着随便。事实上，在正式的商务宴请中，位次的排列往往比菜肴的选择更引人瞩目。宴会的位次排列涉及两个问题：其一，桌次，不同餐桌的安排；其二，位次，每张餐桌具体的上下尊卑位次。

在正式宴会上，当出现两张以上的餐桌时，就出现了桌次排列问题。桌次排列的基本原则有三：第一，居中为上，中央高于外侧；第二，以右为上，右侧高于左侧；第三，以远为上，即离房间正门越远，位置越高。

餐桌上具体位置的排列需要抓住以下三个关键点：第一，面门居中者为上，面对房间正门的位置为主位；第二，主人右侧的位置是主宾位；第三，宾主双方其他赴宴者有时候不必交叉安排，可以让客人都坐在主人的右侧，按照职位高低，离主人越远职位越低。而主方人员都坐在主人的左侧，同样依次以距主人远近为序，自高而低地依次排列。

关于桌次与座次的排列方法，在下一节宴请礼仪中有较详尽的说明。

（六）旗帜的位次排列

在重要的场合尤其是在涉外交往中，旗帜的悬挂特别是国旗的悬挂往往备受重视。在悬挂旗帜时，尤其是悬挂代表国家尊严的国旗时，必须认真对待。旗帜悬挂，主要分为国旗与其他旗帜及中国国旗与其他国家国旗两类情况。

1. 国旗与其他旗帜同时使用的礼仪。

（1）居中为上：当国旗与其他旗帜有中间与两侧之分时，中央高于两侧。

（2）以右为上：当国旗与其他旗帜分左右排列时，国旗居右。

（3）居前为上：当国旗跟其他旗帜有前有后时，国旗居前。

（4）以高为上：当国旗升挂位置与其他旗帜升挂位置有高有低之分时，国旗居高。

（5）以大为上：当国旗与其他旗帜有大小之别时，国旗不能够小于其他旗帜。

2. 中国国旗与其他国旗共同使用的礼仪。

在国际商务交往中，有时候会出现中国旗帜和其他国家旗帜同时悬挂的情况，这时应分别对待。如果活动以我方为主，即我方扮演主人的角色时，以右为上，客人应该受到尊重，因此其他国家的国旗应挂于上位；如果活动以外方为主，即由外方扮演主人的角色，中国国旗应该处于尊贵位置。

三、任务演练

1. 情景分析。

如果你是某公司的职员，要陪同客户去工厂。刚好公司里的车子没有空，你便叫了辆出租车带客户去工厂，此时，你将如何安排你和客户的位置？并说明如此安排的理由。若当主人自驾车时，客人坐在哪个位置为上座？

2. 请几位女学生模拟女士上下小轿车的正确姿态。

要点提示：女士上下轿车，要采用背入式或正出式，即将身子背向车厢入座，坐定后随即将双腿同时缩入车厢。如穿长裙，在关上门前应先将裙子理好；准备下车时，应将身体尽量移近车门，车门打开后，先将双腿踏出车外，然后将身体重心移至双脚，头部先出，再把整个身体移离车外。这样可以有效避免“走光”，也会显得姿态优雅。

阅读：乘车时的位次礼仪

如穿低胸服装，不妨加披一条围巾，以免弯身下车时出现难为情的局面。也可利用钱包或手袋轻按胸前，并保持身体稍直。

四、能力拓展

1. 情景分析：

如果你是一个刚入职场的年轻女孩子，到客户的公司去拜访一个负责人。该负责人为男性，年纪比较大，职位比较高。屋里就你们两人。他坐在长沙发的一侧，对面还有单独的沙发。这时候你是跟他一块儿坐在长沙发上好呢？还是坐在他对面好？

2. 讨论分析：

学生收集资料后，讨论商务礼仪与政务礼仪在位次安排方面的区别。

学习子情景六　宴请礼仪

一、知识导入

宴请礼仪

小知识

一次合乎礼仪的宴请，其本身常常就是一次成功的商务活动。在准备宴请、进行宴请和赴宴方面，有很多应当熟悉和遵循的礼仪要求。因为就整个宴请的过程而言，“吃”只是手段，而“吃”背后的交际才是真正的目的。

基本要求：精心安排、准时开（赴）宴、举止文雅、宾主尽欢。

精心安排：在商务交往中宴请客人，对宴请的规模、时间、档次、环境、菜单、人员以及邀请的方式等均要进行精心的安排。

准时开（赴）宴：主方应在周密准备之后准时开宴，客方应适度修饰仪表，准时赴宴。

举止文雅：在餐桌上，宾主均应举止优雅、文明、规范。礼貌入席，正确使用餐具。讲究用餐卫生，避免不文明的餐桌举止。

宾主尽欢：宴会期间宾主双方相互致意，适度交谈，交谈内容应愉快、健康、有趣。不讲有伤和气的话，不过量饮酒，不酒后失仪。宴会结束后友好道别。

二、知识准备

（一）宴会种类

宴会种类繁杂，名目繁多。从规格上分，有国宴、正式宴会、便宴、家宴等；从餐别上分，有中餐宴会、西餐宴会等；从时间上分，有早宴、午宴和晚宴等；按性质分，有鸡尾酒会、冷餐会、茶会和工作餐等。

1. 国宴。

国宴是国家元首或政府首脑为国家的庆典或为外国元首、政府首脑来访而举行的正式宴会。国宴是国际交往中的一种重要的礼仪形式，是各类宴请活动中规格最高、最为隆重的一种宴请形式。

2. 正式宴会。

正式宴会是一种隆重而正规的宴请。它往往是为宴请专人而精心安排，在比较高档的饭店，或是其他特定的地点举行的，讲究排场和气氛的大型聚餐活动。对于到场人数、穿着打扮、席位排列、菜肴数目、音乐演奏、宾主致词等，都有十分严谨的要求和讲究。但不悬挂国旗，不奏国歌，出席者的规格一般低于国宴。

3. 便宴。

便宴，即非正式宴会，不拘严格的礼仪，随便、亲切，多用于招待熟识的宾朋好友。规格一般较小，席间随意交谈，不作正式致词或祝酒。菜点的道数和饮料的品种也不作具体的规定，可酌情增减。

4. 家宴。

家宴是在家中以私人名义举行的宴请形式，亲朋好友参加，家人共同招待。家宴的气氛轻松、活泼。

5. 中餐宴会。

中餐宴会是指用中式餐具，食中式饭菜，饮中式酒水、饮料的宴会。

6. 西餐宴会。

西餐宴会是指用西式餐具，食西方国家的菜点，饮西方国家的酒水、饮料的宴会。

视频：西餐用餐形象

7. 鸡尾酒会。

鸡尾酒会又称酒会，是西方集会交往的一种传统宴请形式，它盛传于欧美国家和地区。鸡尾酒会举行的时间较灵活，中午、下午或晚上均可。鸡尾酒会规模不限，招待品以酒水为主，略备一些小吃。酒会通常在一种自由和谐的气氛中进行。主、宾可以自由到酒台取酒或由服务员送上，可以端着酒杯自由走动，随意与别人聊天。

视频：品酒礼仪

8. 冷餐会。

冷餐会又称为冷食自助餐。菜品以冷食为主，有时也备有少量的热餐。冷餐会要准备自助餐台，餐台上同时摆放着各种餐具、菜品、饮品。宾、主根据个人需要取餐具后选取食物。宾、主可多次取食，可以自由走动，任意选择座位，也可站着与别人边谈边用餐。可不设座椅，站立用餐，也可设少量小桌、椅子让需要者就座。冷餐会上供应的酒水一般单独集中一处，宾、主既可自己上前选用，也可由服务员托盘送上。冷餐会举行的地点可在室内，也可在室外花园里。举办的时间通常在中午 12 时至 2 时，下午 5 时至 7 时左右。这种宴请形式适宜招待人数众多的宾客。

9. 茶歇。

茶歇是一种简便的招待形式，一般在下午 4 时左右举行，也有的在上午 10 时左右进行。其地点通常设在客厅，厅内摆茶几、座椅，不排座次。若为贵宾举行的茶歇，在入坐时，主人要有意识地与主宾坐在一起，其他出席者可相对随意。在商务谈判中，许多场合都使用茶歇的形式招待对方。

10. 工作餐。

工作餐是现代交往中常用的非正式宴请形式，主客双方利用共同进餐的时间边吃边谈。工作餐按用餐时间可分为早餐、午餐和晚餐。这种宴请形式十分简便，在日程活动紧张时，它的作用尤为明显。

（二）宴请活动的安排

1. 确定宴请对象。

应根据宴请的目的，与上司确认被邀请的宾客名单。

2. 确定宴请时间与场所。

商务目的的宴会时间一般不选择在重大的节、假日。涉外宴请要避开对方的禁忌日。应根据宴请的目的和宾客的社会地位、职务身份，来确定宴请的场所及宴会的规格。

3. 发出邀请。

宴会邀请一般发放请柬，亦有手写短笺和电话邀请。邀请不论以何种形式发出，均应真心实意、热情、礼貌。

4. 确定菜单。

宴请的菜谱应根据宴请规格，在规定的预算标准内安排。选菜不应以主人的喜好为标准，而要考虑客人的饮食习惯和禁忌。菜的荤素、营养、时令与传统、菜点、酒品饮料的搭配要力求适当、合理。

视频：宴请礼仪

5. 宴会的座次排位。

正式宴会一般都要事先安排好席位，使参加宴会的人能各就其位，以体现对客人的尊重。以下从桌次和座次两个方面进行排列说明。

（1）桌次排列。根据宾客的数量，宴会可能有多张桌子，其排列必须遵循一些原则。一是居中为上，多张桌子围在一起时，居于正中间的一张为主桌。二是以右为上，多张桌子横向排列时，以面门为准，右侧的餐桌高于左侧的餐桌。三是以远为上，多张桌子纵向排列时，距离宴会厅正门最远为上。如图 2－19 至图 2－23 所示。

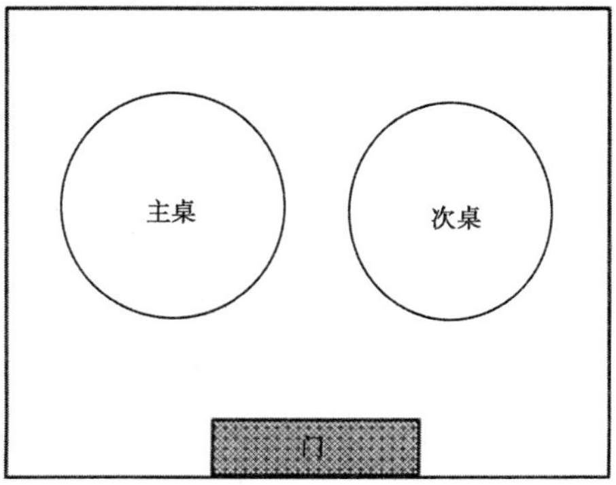

图 2－19　两桌横排

（2）座次排序。同一桌上席位的安排，以右以贵，以左为轻。在主人两侧，右侧为大，左侧为小。正式宴会一般采用圆桌或方桌。下面就以这两种情形分述说明。

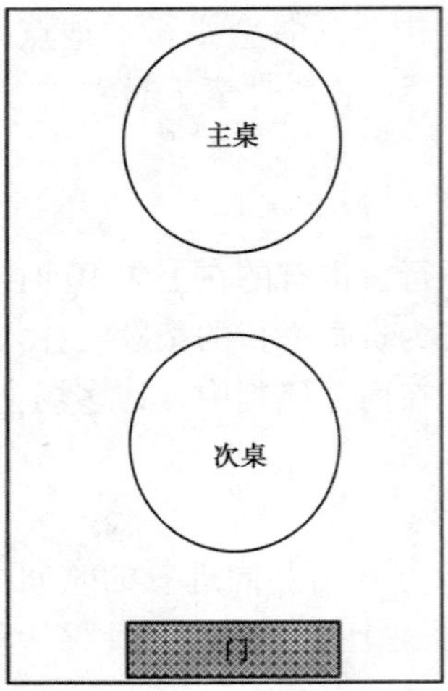

图 2-20　两桌竖排

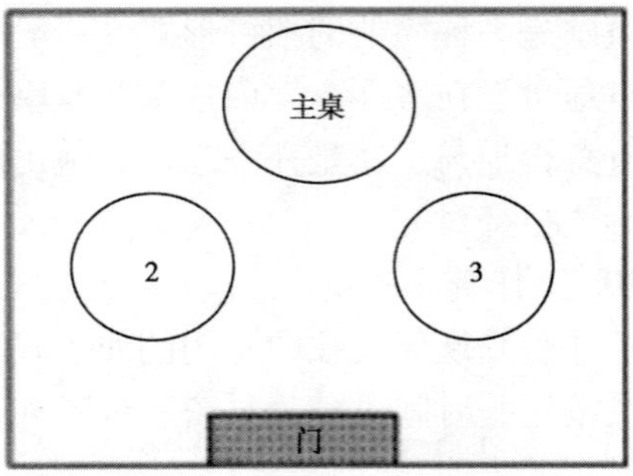

图 2-21　三桌

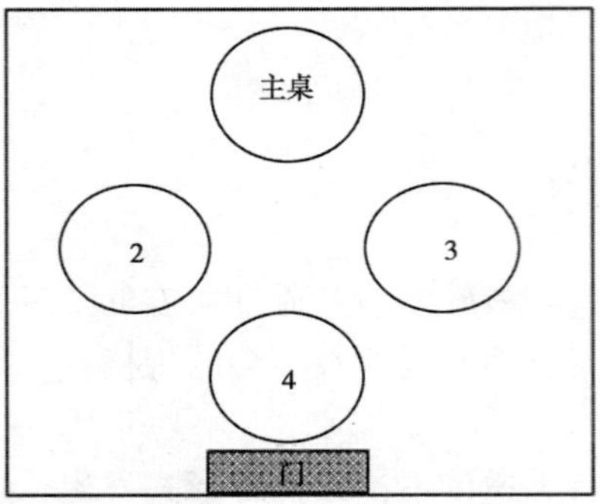

图 2-22　四桌

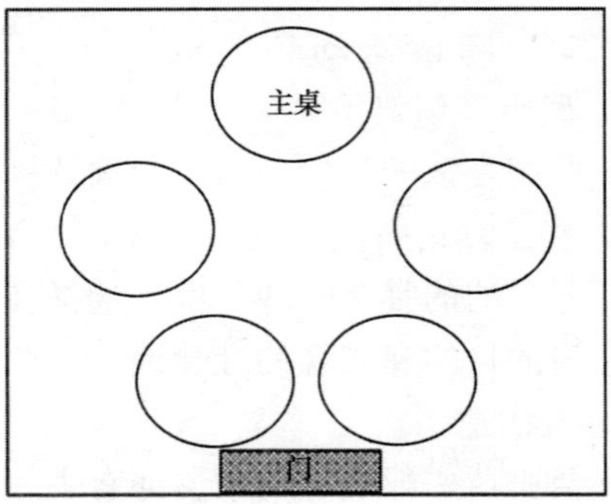

图 2-23　五桌

①圆桌设宴时，根据宴请主人的人数及主人是否带夫人出席，座次的安排有所区别。如图 2-24 至图 2-26 所示。

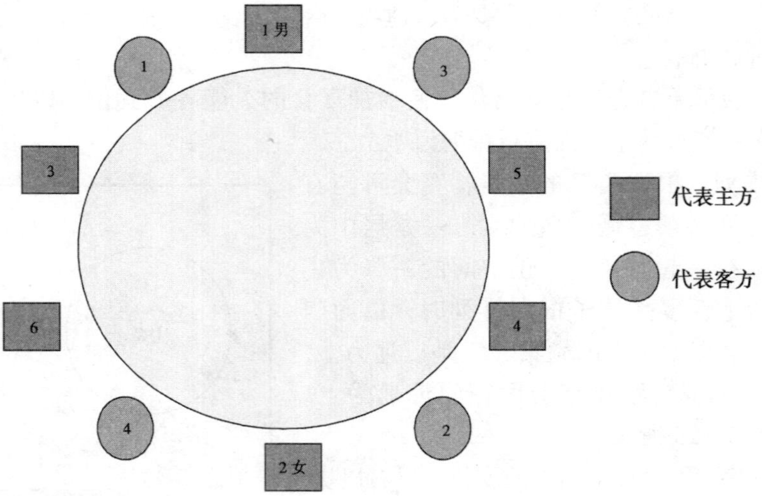

图 2-24　异性双主人

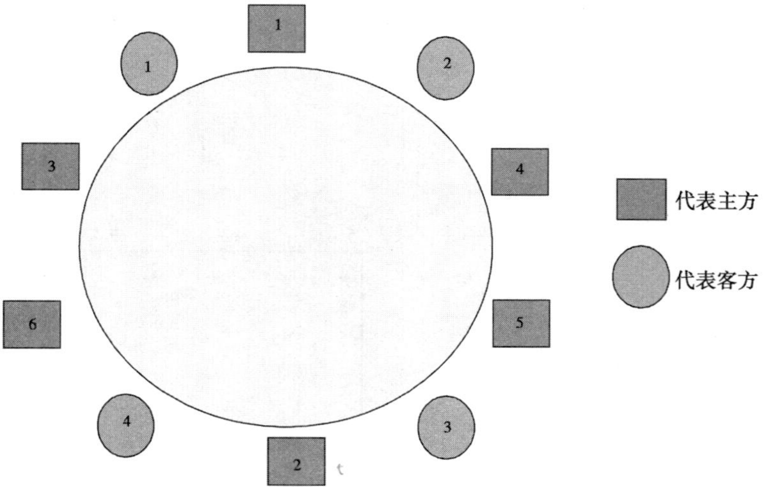

图 2-25 同性双主人

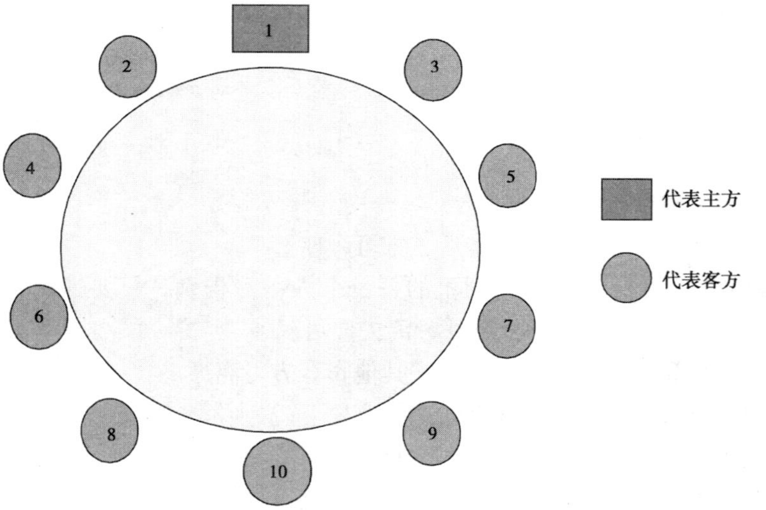

图 2-26 单个主人

②长桌设宴。几种常见的长桌宴会座次排列法，如图 2-27 至图 2-29 所示。

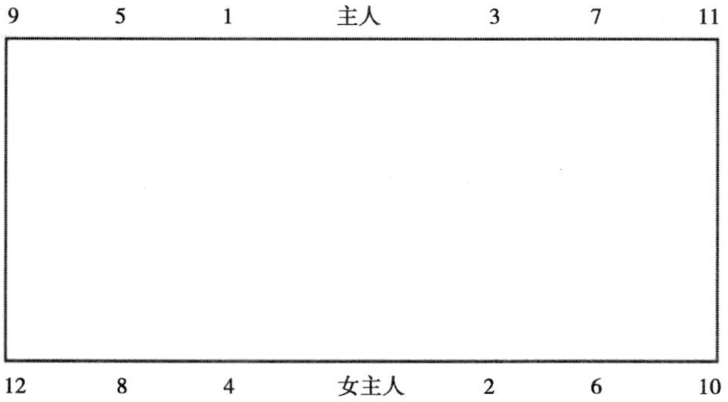

图 2-27 长桌席位座次（一）

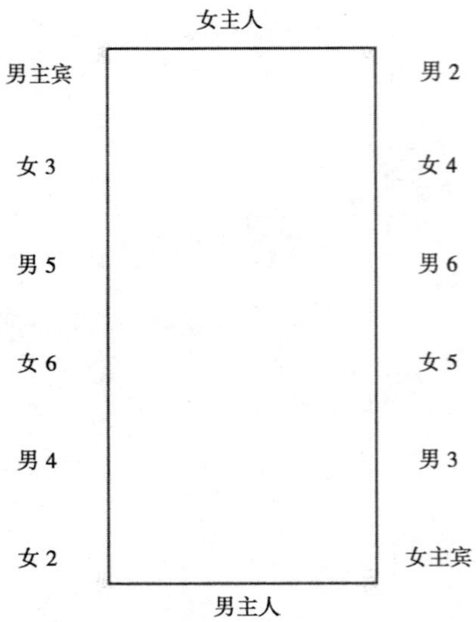

图2－28　长桌席位座次（二）

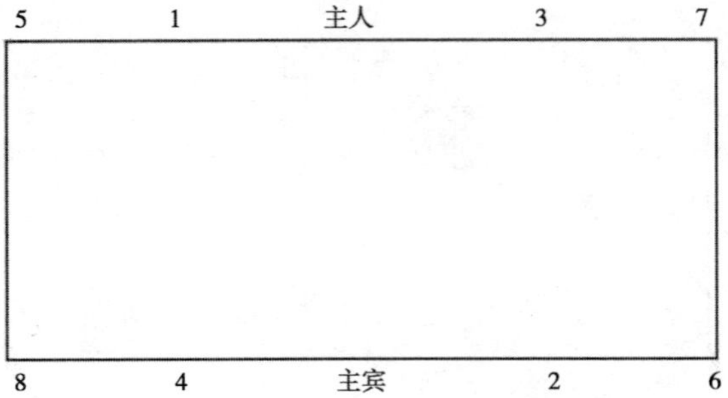

图2－29　长桌席位座次（三）

（三）餐桌礼仪

餐桌上有许多应注意的礼仪。

1. 就座和离席。

（1）应等长者坐定后，方可入座。

（2）席上如有女士，应等女士坐定后，方可入座。

（3）中途离开时，千万别和谈话圈里的每一个人一一告别，只要悄悄地和邀请你来的主人以及自己身边的两、三个人打个招呼，离去便可。

（4）用餐后，须等男、女主人离席后，其他宾客方可离席。

（5）离席时，应帮助邻座长者或女士拖拉座椅。

2. 餐巾的使用。

（1）餐巾的作用主要是防止弄脏衣服，兼做擦嘴及擦拭手上的油渍。

（2）必须等到大家坐定后，才可使用餐巾。

（3）摊开餐巾后，应放在双膝上端的大腿上，切勿系入腰带，或挂在西装领口。

（4）切忌用餐巾擦拭餐具。

3. 餐桌上的一般礼仪。

（1）坐后姿式端正，脚踏在本人座位下，不可任意伸直，手肘不得靠桌缘或将手放在邻座椅背上。

（2）在餐桌上不能只顾自己，要关心别人，尤其要招呼两侧的女宾。

（3）口内有食物，应避免说话。

（4）自用餐具不可伸入公用餐盘夹取菜肴。

（5）必须小口进食，不要大口塞；食物未咽下，不能再塞入口。

（6）取菜舀汤，应使用公筷公匙。

（7）吃进口的东西，不能吐出来；如为滚烫的食物，可喝水或果汁降温。

（8）自己手上持刀叉，或他人在咀嚼食物时，均应避免跟人说话或敬酒。

（9）切忌用手指掏牙，应用牙签，并以手或手帕遮掩。

（10）避免在餐桌上咳嗽、打喷嚏；万一不禁，应说声“对不起”。

（11）如欲取用摆在同桌其他客人面前的调味品，应请邻座客人帮忙传递，不可伸手横越，长驱取物。

（12）食毕，餐具务必摆放整齐，不可凌乱放置。餐巾亦应折好，放在桌上。

4. 刀叉使用方法。

（1）一般而言，惯用右手的人通常右手持刀左手持叉，手心向内握住刀与叉，两手食指按在刀叉上使用。

（2）食用米饭、玉米、青豆等小颗粒食物时，可以把叉子当匙般使用，将细小食物用刀聚集在叉子凹陷处，舀着食用。

阅读：欧式西餐餐具摆放

（3）欧洲人用餐右手持刀左手持叉，边切边叉，将食物送入口中。美国人则是切每一口食物后，将右手的刀放下，把叉子换到右手，再以叉子正面将食物送入口中。英国人还习惯用刀把食物扫到叉背上，压平后送入口中。种种吃法并无优劣之分，最好都能熟悉运用，则与不同国家人用餐时能入乡随俗。

（4）不慎将刀叉落地，可请服务员代捡，并取一份新的来替换，千万不要自行钻到桌下捡拾。

（5）每吃完一道菜，把刀叉并拢刀锋朝自己，叉背朝下，以4、10点方向并排斜放在盘上，服务员即知可收掉盘子。

（6）中餐吃饭时要端着饭碗，而西餐用餐时千万不可端着盘子吃。

阅读：美式用餐习惯

（四）宴请中的5M原则

1. Money：节俭、务实。

强调宴请的少而精，反对铺张浪费，没有必要每道菜必吃，大吃大喝。

2. Menu：菜单。

讲究菜肴的安排，讲究内容。西方人一般不吃中式做的内脏、不吃动物的头和脚、不吃淡水鱼。他们比较喜欢吃海鱼，倾向煎炸。

3. Medium：介质，也就是宴请的环境。

宴请客人实际上是讲档次和环境。

4. Music：音乐有讲究。

最好选择交往对象的民族音乐，或交往对象个人偏好的乐曲。

5. Manner：举止。

参与宴请时候的举止要文雅。餐桌上讲究几个忌讳，第一让菜不夹菜，主人可以让菜，别夹菜；第二祝酒不劝酒；第三不当众整理服饰；最后一个禁忌，是在外人面前吃东西不发出声音，特别在欧美等西方国家的人面前吃东西不能发出声音。

阅读：中式用餐礼仪　　阅读：欧式用餐礼仪

三、任务演练

1. 案例分析：

小王是某公司的业务经理，一天负责接待一位印度来访的客户。小王做了精心的安排，并且为客户预订了档次很高的酒店。在用餐期间，小王极力想表现出中国人的好客热情，不断地给客户夹菜，并且频频举杯说："If you want to cooperate with us, you must bottle up."

请你分析：小王的做法对吗？

2. 根据图2－30，修改文字材料中的错误之处：

如果宴请客人，一般主陪在面对房门的位置，副主陪在主陪的对面，1号客人在主陪的左手，2号客人在主陪的右手，3号客人在副主陪的左手，4号客人在副主陪的右手，其他可以随意。

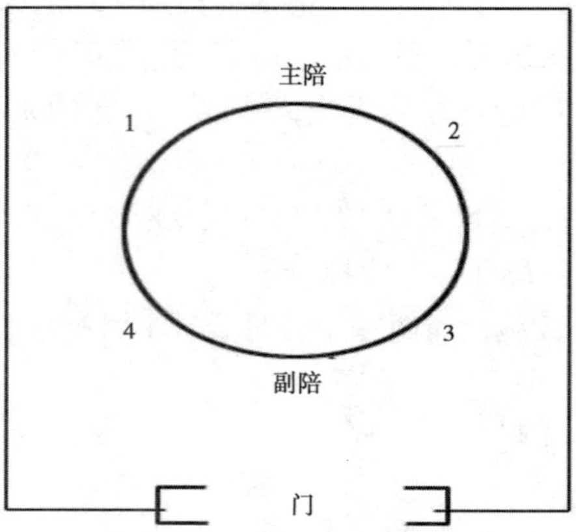

图2－30

四、能力拓展

纠错练习：对以下餐桌上的不到位之处进行改正。

1. 入座后姿式端正，脚踏在本人座位下，可以任意伸直，手肘得靠着桌缘，或将手放在邻座椅背上。

2. 用餐时须温文而雅，从容安静，不能急躁。

3. 在餐桌上不应说话，顾着自己吃就行了。

4. 口内有食物，应避免说话。

5. 自用餐具可以伸入公用餐盘夹取菜肴。

6. 必须小口进食，不要大口地塞，食物未咽下，不能再塞入口。

7. 取菜舀汤，应使用自己的勺子。

8. 吃进口的东西，如太烫或不好吃应该吐出来。

9. 送食物入口时，两肘应向内靠，不宜向两旁张开碰及邻座。

10. 自己手上持刀叉，或他人在咀嚼食物时，均应避免跟人说话或敬酒。

11. 好的吃相是食物就口，不可将口就食物。食物带汁，不能匆忙送入口，否则汤汁滴在桌布上，极为不雅。

12. 有时候可以用手指掏牙。

13. 避免在餐桌上咳嗽、打喷嚏、打嗝。万一不禁，应说声“对不起”。

14. 喝酒宜各随意，敬酒以礼到为止，但可以劝酒、猜拳、吆喝。

15. 如餐具坠地，可请侍者拾起。

16. 遇有意外，如不慎将酒、水、汤汁溅到他人衣服，表示歉意即可，不必恐慌赔罪，反使对方难为情。

17. 如欲取用摆在同桌其他客人面前的调味品，应站立自行取物。

18. 如系主人亲自烹调食物，勿忘予主人赞赏。

19. 如吃到不洁或异味食物，不可吞入，应将入口食物轻巧地用拇指和食指取出，放入盘中。倘发现尚未吃食、仍在盘中的菜肴中混有昆虫和碎石，不要大惊小怪，宜侍者走近，轻声告知侍者更换。

20. 食毕，餐具务必摆放整齐，不可凌乱放置。餐巾亦应折好，放在桌上。

21. 主食进行中，不宜抽烟；如需抽烟，必须先征得邻座的同意。

22. 在餐厅进餐，理应抢着付账。

23. 进餐的速度，宜与男女主人同步，不宜太快，亦不宜太慢。

24. 餐桌上不能谈悲戚之事，否则会破坏欢愉的气氛。

第二部分

一般商务沟通

3 学习情景三 求职面试沟通

情景任务

在求职面试沟通中，面试官可以考察应聘者的语言表达能力、应变能力；应聘者也可以主动向面试官推荐自己，展示才华。通过本模块的学习，能够对学生毕业后顺利通过求职面试有所助益。

一、知识导入

面试求职技巧案例

小知识

小杨从原公司离职后已在家休息一个月，经朋友介绍应聘某公司某部门主管，小杨对这家公司进行详细了解后，感觉岗位要求与自己能力相当，并且这是一个处于成长期的企业，市场前景很好。此前，朋友已经把小杨的详细情况向公司李总进行了说明，约定今天见面。没想到天公不作美，天还未亮，大雨就下个不停。小杨怕路上堵车耽误时间只好起了个大早。公司9点上班，小杨8点50分赶到了公司，向前台接待人员说明了来意。公司前台工作人员安排小杨在会客室休息，并为他倒了一杯水。9点3分，李总来到会客室，很友善地打招呼，小杨也起身问好。李总手中拿着小杨的简历，注视着小杨说："能不能再简单介绍一下你的个人情况。"小杨于是把自己的学习、工作经历进行了简单说明，其中重点描述了与应聘职位相关的工作经历，大概用了3分钟的时间。两个人谈话很顺畅。李总问小杨："你觉得你自己最大的缺点是什么？"小杨对此有些意外，稍加思考还是很客观地说明了自己性格当中不满意的两点，也着重强调自己对此已经十分重视，生活、工作中有意识地在改善，并顺便对自己的优劣势做了简单分析。谈话进行了约25分钟，最后李总告诉小杨："今天第一次面谈，时间有限。希望你能再适当准备一下，我们改天再详聊一次。"小杨表示会认真准备下次面谈，对李总能抽时间与自己详谈深表感谢。临走，小杨顺手把用完的一次性纸杯扔进会客室的垃圾筒里。

五天后，小杨与李总二次面谈，最终通过努力进入了这家公司。

专家评价：小杨在面试细节、职业素养及语言表达效果、目的性方面表现优异。

二、知识准备

（一）面试

面试是一种经过组织者精心设计，在特定场景下，以考官对考生的面对面交谈与观察为主要手段，由表及里测评考生的知识、能力、经验等有关素质的一种考试活动。面试是公司挑选职工的重要方法。面试给公司和应招者提供了进行双向交流的机会，能使公司和应招者之间相互了解，从而双方都可更准确地做出聘用与否、受聘与否的决定。

（二）面试的类型及准备工作

1. 个别面试。

在这种形式下，一个应招者与一个面试人员面对面地交谈，有利于双方建立较为亲密的关系，加深相互了解。但由于只有一个面试人员，所以决策意见难免有偏颇（见图3－1）。

视频：面试礼仪

2. 小组面试。

通常是由二三个人组成面试小组对各个应招者分别进行面试（见图3－2）。面试小组可由人事部门及其他专业部门的人员组成，从多种角度对应招者进行考察，提高判断的准确性，克服个人偏见。

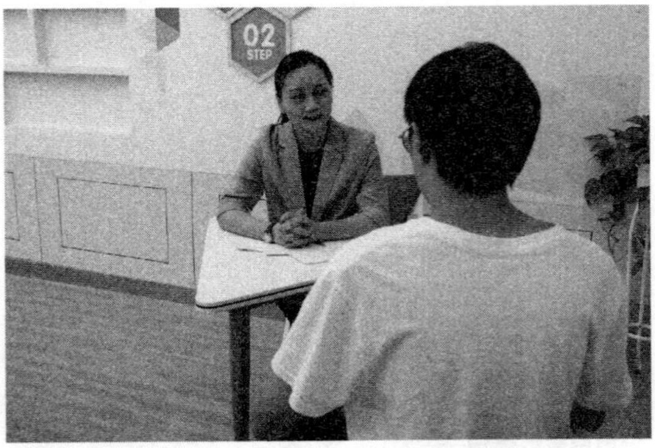

图3－1　个人面试

图3－2　小组面试

3. 成组面试。

通常由面试小组（由二三人组成）同时对几个应招者（最好是五到六个）同时进行面试。在面试人员的引导下，完成一些测试和练习。在这个过程中，对应试者的逻辑思维能力、解决实际问题的能力、人际交往能力、领导能力等进行测试，以便于做出用人决策。

4. 电话、视频面试。

电话面试是一种通过手机、固话等通讯工具对面试者进行考核和筛选的面试渠道。采用的是不亲身接触、仅通过言语传递信息来了解面试者的身份、简历、应聘职位和应聘能力的方式。视频面试是通过手机、电脑等通讯工具对面试者进行考核和筛选的面试渠道。采用的是通过言语、表情传递信息来了解面试者的身份、简历、应聘职位和应聘能力的方式。

5. 面试的准备工作。

（1）当接到面试电话通知时，一定要问清楚应聘公司的名称、职位、面试地点（包括乘车或开车的路线）、时间等基本信息，最好顺便问一下公司的网址、通知人的姓名和面试官的职位等信息。

（2）上网查询该公司的相关背景和应聘职位的相关情况。公司背景包括企业所属行业、产品、项目、发展沿革、组织结构、企业文化、薪酬水平、员工稳定性、发生的关键事件等，了解越全面、深入，面试的成功率就越高，同时，也有助于对企业形成准确的判断（人才和企业是双向选择的关系）。

（3）应聘职位情况包括应聘职位的名称、工作内容和任职要求等。这一点非常重要，同一个职位，各家企业的要求是不尽相同的，了解越多，应对面试的针对性就越强。

（三）面试技巧

面试时间确定好，不要与自己的日程安排冲突；要守时，可提前一刻钟到达，安定一下自己的情绪，整理好衣饰。

第一印象非常重要，良好的开端是成功的一半。穿衣服要配合自己的个性气质，自然得体，相得益彰，千万不要夸张。男性选好西装领带，还要整理好发型，修好脸；女性应该化个明媚的淡妆，给自己信心，也尊重别人。

对考官的问题作精彩回答，有关个人经历的问题最重要。因为这些问题迫使应聘者重新回顾其职业生涯，是应聘者展示才华的良机。比如：

你目前或最近离开的工作团队怎样？

可简单谈谈工作团队的人员构成。点明特点即可，如紧密协作，士气高。不要传闲话和流短蜚长。

（四）突破面试困境的方法

1. 善于打破沉默。

面试开始时，应试者常常不善于“破冰”，而等待面试官打开话匣。面试中，应试者又出于种种顾虑，不愿主动说话，结果使面试出现冷场。即便能勉强打破沉默，语音语调亦极其生硬，使场面更显尴尬。实际上，无论是面试前或面试中，面试者主动致意与交谈，会留给面试官热情和善于与人交谈的良好印象。

视频：面试回答技巧

2. 不与面试官“套近乎”。

具备一定专业素养的面试官是忌讳与应试者套近乎的，因为面试中双方关系过于随便或过于紧张都会影响面试官的评判。过分“套近乎”亦会在客观上妨碍应试者在短短的面试时间内，做好专业经验与技能的陈述。聪明的应试者可以例举一至两件有根有据的事情来赞扬招聘单位，从而表现出对这家公司的兴趣。

3. 不为偏见或成见所左右。

有时候，参加面试前自己所了解的有关面试官或该招聘单位的负面评价，会左右自己面试中的思维。误认为面无表情的面试官或是严厉或是对应试者不满意，因此十分紧张。还有些时候，面试官是一位看上去比自己年轻许多的女性，心中便开始嘀咕："她怎么能有资格面试我呢?"其实，在招聘面试这种特殊的"采购"关系中，应试者作为供方，需要积极面对不同风格的面试官即客户。

4. 以实例作说明。

应试者大谈个人成就、特长、技能时，聪明的面试官一旦反问："能举一两个例子吗?"应试者便无言应对。而面试官恰恰认为：事实胜于雄辩。因而在面试中，应试者要想以其所谓的沟通能力、解决问题的能力、团队合作能力，领导能力等取信于人，需准备好实例。

5. 多用积极态势对待事情。

面试官常常会提出或触及一些让应试者难为情的事情。很多人对此面红耳赤，或躲躲闪闪，或撒谎敷衍，而不是诚实地回答、进行正面解释。比方说面试官问："为什么5年中换了3次工作?"有人可能就会大谈工作如何困难、上级不支持等，而不是告诉面试官：虽然工作很艰难，自己却因此学到了很多，也成熟了很多。

6. 不要丧失专业风采。

有些应试者面试时各方面表现良好，可一旦被问及现所在公司或以前所在公司时，就会愤怒地抨击其老板或者公司，甚至大肆谩骂。在众多国际化的大企业中，或是在具备专业素养的面试官面前，这种行为是非常忌讳的。

7. 要善于提问。

有些人在不该提问时提问，如面试中打断面试官谈话而提问。也有些人面试前对提问没有足够准备，轮到有提问机会时不知说什么好。而事实上，一个好的提问，胜过简历中的无数笔墨，会让面试官刮目相看。因此，在面试之前应做好充分的提问准备。

8. 要有明晰的个人职业发展计划。

对个人职业发展计划，很多人只有目标，没有思路。比如当问及"您未来5年事业发展计划如何"时，很多人都会回答说"我希望5年之内做到全国销售总监一职。"如果面试官接着问"为什么"，应试者常常会觉得莫名其妙。其实，任何一个具体的职业发展目标都离不开其对个人目前技能的评估以及其为胜任职业目标所需拟定的粗线条的技能发展计划。

9. 正视自己的不足。

面试官常常会问："您性格上有什么弱点? 您在事业上受过挫折吗?"有人会毫不犹豫地回答："没有。"其实这种回答是对自己不负责任。没有人没有弱点，没有人没有受过挫折。只有充分地认识到自己的弱点，也只有正确地认识自己所受的挫折，才能造就真正成熟的人格。

10. 不要被"请君入瓮"。

面试官有时会考核应试者的商业判断能力及商业道德方面的素养。比如：面试官在介绍公司诚实守信的企业文化之后或索性什么也不介绍，问："您作为财务经理，如果我要求您一年之内逃税1 000万元，那您会怎么做?"如果应试者当场抓耳挠腮思考逃税计谋，或文思泉涌，立即列举出一大堆方案，都证明上了他们的圈套。实际上，在几乎所有的国际化大企业中，遵纪守法是员工行为的最基本要求。

11. 不要主动打探薪酬福利。

有些应试者会在面试快要结束时主动向面试官打听该职位的薪酬福利等情况，结果是欲速则不达。具备人力资源专业素养的面试者是忌讳这种行为的。其实，如果招聘单位对某一位应试者感兴趣的话，自然会问及其薪酬要求。

12. 淡定收场。

很多求职应试者在面试结束时，因成功的兴奋，或因失败的恐惧，会语无伦次，手足无措。其实，面试结束时，作为应试者，不妨表达对应聘职位的理解；充满热情地告诉面试者自己对此职位感兴趣，并询问下一步是什么；面带微笑和面试官握手并谢谢面试官的接待。

阅读：求职应聘——男士商务着装要求

阅读：求职应聘——女士商务着装要求

三、任务演练

1. 毕业生面试常见问题及回答技巧。

毕业生面试常见问题一："请你自我介绍一下？"

建议：一般人回答这个问题过于平常，只说姓名、年龄、爱好、工作经验，这些在简历上都有。其实，企业最希望知道的是求职者能否胜任工作，包括最强的技能、最深入研究的知识领域、个性中最积极的部分、做过的最成功的事，主要的成就等，这些可以和学习无关，也可以和学习有关，但要突出积极的个性和做事的能力，说得合情合理企业才会相信。企业很重视一个人的礼貌，求职者要尊重面试官，所以在回答每个问题之后都应说一句"谢谢"。

毕业生面试常见问题二："你有什么业余爱好？"

建议：（1）不要说自己没有业余爱好。（2）可以结合自己要面试的职位去回答。（3）属于自己的个人爱好也可以说说，不要全跟其他人雷同（如音乐、运动等）。（4）回答应细致，不要太泛，如：不说喜爱运动，直接说喜爱足球或篮球。

毕业生面试常见问题三："在校时做过什么兼职或社会实践吗？请挑一件谈谈，从中你学到什么？"

建议：挑一件体验最深的来讲，重点突出和同伴在该实践中遇到的问题和如何解决问题，以及从中得到的体会，回答的方向尽量靠近团队协作和解决问题的思维方式上。表述一定要思维清晰、逻辑清楚。

毕业生面试常见问题四："你觉得你个性中最大的优点是什么？你认为自己有什么不足的地方？"

建议：例如将自己描述为"沉着冷静、条理清楚、立场坚定、顽强向上、乐于助人和关心他人、适应能力和幽默感强、乐观和友爱。我在××方面经过一到两年的培训及项目实战，加上实习工作，使我适合这份工作"。

关于自己不足的地方，诚实地挑自己性格或其他方面一两个不足说一下，并重点强调你在努力地改正和克服中。

毕业生面试常见问题五："你为什么选择我们公司？"

建议：面试前应该对该公司所在行业和该公司的情况做一下调查和了解。可以从行业、公司、职位三个角度去回答这个问题：行业方面可以从整个行业形态的良性趋势和乐观前景去答；公司方面可以从该公司的企业文化理念和自己的职业规划结合去答；职位可以从该公司提供的职位给予自己很多发挥特长的空间和平台去答。

毕业生面试常见问题六："对于你面试的这项工作，你是怎么理解的？"

建议：面试前要尽量对面试的工作职务、职能范围有一定的认识和了解。可以谈谈这项工作在公司架构中起到的作用和做好这项工作所需要具备的一些技能。

毕业生面试常见问题七："如果我录用你，你将怎样开展工作？"

建议：（1）要强调自己是应届生，经验上存在不足，会虚心先向老员工学习。（2）强调会一边学习，一边思考和摸索。（3）大胆说出对开展该工作的一些看法和计划。

毕业生面试常见问题八："给我们一个一定要录用你的理由。"

建议：呈现自己自信的一面，可以总结性简洁回答。如：通过这次面试，我更加坚定我可以在我们公司这个职位上展现自己的才能，与公司一起成长。注意：这里用"我们公司"而不是"贵公司"，给面试官以亲切感。

毕业生面试常见问题九："你是应届毕业生，缺乏经验，如何能胜任这项工作？"

建议：强调自己之前在做兼职或实践活动中学到的一些经验，尤其表明自己肯学，而且学习能力极强的优势。

毕业生面试常见问题十："对于薪酬待遇你有什么样的要求？"

建议：面试前先对该行业该职位目前平均薪酬水平和该公司的平均薪酬水平有一个了解。除非认为自己很优秀或者要求的底线高，否则按大概的市场价位去提比较合适（毕竟是应届生）。一般每个公司都有自己的应届生员工试用期薪酬预算，如果没有低于自身最底线，建议还是接受，先学点东西，再体现自己的价值。

毕业生面试常见问题十一："你对加班的看法？"

建议：实际上好多公司问这个问题，并不说明一定要加班，只是想测试你是否愿意为公司奉献。可以这样回答：如果工作需要我会义不容辞地加班，我现在单身，没有任何家庭负担，可以全身心地投入工作。但同时我也会提高工作效率，减少不必要的加班。

毕业生面试常见问题十二："你有什么问题要问吗?"

建议：企业的这个问题看上去可有可无，其实很关键。企业不喜欢"没问题"的人，因为很注重员工的个性和创新能力。企业不喜欢求职者问个人福利之类的问题。如果有人问：贵公司对新入公司的员工有没有什么培训项目，我可以参加吗？或者说贵公司的晋升机制是什么样的？企业将很欢迎，因为体现出你对学习的热情和对公司的忠诚度以及你的上进心。

2. 毕业生求职面试自我介绍范文。

面试自我介绍是面试的第一关，这一关表现良好的话，后面的问答就有了良好的开端。应届毕业生虽然在工作经验方面有一定的欠缺，但是可以用自己的特长和刻苦钻研的精神来获得面试考官的认可。以下是面试中自我介绍的范文，供大家参考。

范文一：

尊敬的各位考官：

大家好，我是××，也可以叫我××（英文名）。我就读于××学院，会计专业，大三。在校期间，学习成绩优秀，大一通过全国计算机等级考试（二级C语言），大二通过大学英语四/六级考试，同年，获得全国大学生英语竞赛三等奖，大三自学ACCA（英国特许公认会计师），现为第二阶段考生。

政治方面，本人为一名中共党员。在校期间一直担任班内团支书职务，负责召开班内团日活动和给入党同学出具团组织意见等工作，有很强的交流能力和组织协调能力。本人在校期间曾多次获得校内优秀团员称号、优秀班干部称号和三好学生称号。

社团活动方面，本人在学生会中担任过学习部副部长职务，曾经组织第二届英语口语大赛等活动，活动中体现了很好的领导能力和团队合作能力。

社会实践方面，本人于2009年9—10月在××财务处结算中心实习。实习中表现突出，得到领导的好评。另外，从2007年9月至2009年7月，本人一直在学校财会信息中心勤工俭学。

最后请大家多多支持我，投我一票，谢谢！

范文二：

尊敬的考官，您好：

我叫××，毕业于××学院法学专业，下面我做一下自我介绍。

能够劈波斩浪，从无数应聘者中脱颖而出进入面试，让我感觉到离成功的距离又近了一步！坦率地说，如果我为自己的理想奋斗了，即使是失败，我也不会后悔，因为我努力了！

我生于农村，父母勤劳善良品德的熏陶、学校老师的教育，使我对××职业产生了羡慕与敬仰之情。2007年高考时，我毫不犹豫选择了××学院法学专业，三年的大学生涯，培育了我和蔼、和睦、和谐的处世态度。

在思想上，我积极向党组织靠拢，一方面，加强自身的思想道德建设，从思想上武装自己；另一方面，本着为人民服务的宗旨，坚持帮助他人，服务社会，以党员的标准严格要求自己。终于在大三开始的时候光荣地加入了中国共产党，并在一年后顺利转正。

在校期间，学习成绩优秀。大一通过全国计算机等级考试（二级C语言），大二通过大学英语四/六级考试，同年，获得全国大学生辩论赛三等奖，大三自学律师资格考试内容，现为第二阶段考生。

此外我积极参加社会实践活动，锻炼自己的专业技能，增长自己的专业知识，并达到了一定的效果。通过一系列的校内外活动，我逐渐掌握了人际交往和沟通的技巧，学会了如何使自己处于一个融洽的人际关系中。通过在校的学习，我深深体会到理论指导实践的含义，并且以这个准则要求自己。在学习和活动之余我还积极充实自己，博览群书，丰富知识，而且掌握了一定的计算机应用技巧，足以应付工作需要。

作为应届大学生，我还缺乏经验。但我明白：一个青年人，可以通过不断地学习来完善自己，在实践中证明自己。我相信，良好的自学能力和不懈的钻研精神一定能使我很快胜任工作。我性格开朗、大方，有较强的沟通组织能力和实际动手能力，善于人际交往，掌握了良好的礼仪知识，头脑灵活、反应敏捷，能够灵活处理工作中的突发事件。

尊敬的考官，难与青松比碧翠，愿做梅花傲雪霜，请给我一次机会，我会用实际效果来证明自身的能力！

范文三：

早上好！

非常荣幸能参加这次面试，我是××号考生，报考的职位是××，希望通过这次面试能向各位老师学到东西。

我来自美丽的海滨城市厦门，今年××岁，是××学院××专业大专应届毕业生。

闽南的山水哺育我长大，我有着闽南人特有的活泼开朗的性格和爱拼才会赢的打拼精神。带着这种精神，在校期间我刻苦学习，不负众望分别获得2007—2008年度二等奖学金，2008—2009年度和2009—2010年度三等奖学金，用实际努力报答父母和师长的养育之恩。

除了学习之外，我还积极参加各种社会实践活动。我曾担任班级的宣传委员，组织了几次班级和学院的公益活动：如青年志愿者助残活动，向孤儿院儿童献爱心活动等。组织这些活动以及和活动中成员的相处让我学到了很多东西，对培养自己的组织协调能力有很大的好处，使我能更快更顺利地走向社会。

计算机和篮球是我业余最大的爱好。我计算机过了国家二级，除熟练掌握日常电脑操作和维护外，还自学了网站设计等，并自己设计了个人主页。我是班级的篮球队主力。我觉得篮球不仅可以强身健体还可以培养一个人的团队精神。

回顾自己大学三年的工作学习生活，感触很深，收获颇丰：掌握了专业知识，培养了自己多方面的能力，对今后的工作将产生重要的影响。不足之处是：有时候做事情比较急于求成，在工作中实际经验不足等等。但“金无足赤，人无完人”，每个人都不可避免地存在一些缺点，有缺点并不可怕，关键是如何看待自己的缺点。只有正视它的存在，通过不断地努力学习就能改正。今后我将更严格地要求自己，努力工作，刻苦学习，发扬优点，改正缺点，开拓前进。

选择这个职位除了专业对口以外，还因为我十分喜欢这份工作，相信它能让我充分实现我的社会理想并体现自身的价值。我认为我有能力也有信心做好这份工作，希望大家能够认可我，给我这个机会！

以上是我最真诚的求职面试自我介绍，谢谢各位老师！

范文四：

各位考官好，今天能够站在这里参加面试，有机会向各位考官请教和学习，我感到非常荣幸。希望通过这次面试能够把自己展示给大家，希望大家记住我。我叫××，今年××岁，汉族，经济学大专。我平时喜欢看书和上网浏览信息。我的性格比较开朗，随和。关心周围的任何事，和亲人朋友能够和睦相处，并且对生活充满了信心。我以前在××单位实习过，所以有一定的实践经验。在外地求学的三年中，我养成了坚强的性格，这种性格使我克服了学习和生活中的一些困难，积极进取。成为一名××工作者是我多年以来的强烈愿望。如果我有机会被录用的话，我一定能够在工作中得到锻炼并实现自身的价值。同时，我也认识到，人和工作的关系是建立在自我认知的基础上的，我认为我有能力也有信心做好这份工作。

××是一个神圣而高尚的职业，它追求的是公共利益的最大化，它存在的根本目的是为人民服务，为国家服务。雷锋曾经说过：人的生命是有限的，而为人民服务是无限的，我要把有限的生命投入到无限的为人民服务当中去。这也是我对××职业认知的最好诠释。所以，这份工作能够实现我的社会理想和人生价值，希望大家能够认可我，给我这个机会！

任务：根据自身的情况，设计一份自荐信。

四、能力拓展

根据你想应聘的岗位的需求，组织一个5分钟的介绍，简要说明自己的身份、学历背景、工作经历等，一共2分钟；另外3分钟说说你对应聘岗位的理解与自身能胜任的条件。

4 学习情景四 营销沟通

情景任务

营销沟通是一种有目的、有技巧的活动。商务活动中，为了取得更好的沟通效果，学习和掌握营销沟通是非常重要的环节。通过营销沟通及技巧的学习，能够提升学生在职场中的沟通力和表现力，提高商务活动的效率，对于促进个人和社会的发展都具有非常重要的意义。

营销沟通是指在（一个品牌的）营销组合中通过与潜在顾客进行双向的信息交流建立共识而达成价值交换的过程。就本质而言，营销与沟通是不可分割的，营销沟通目的有两个：创建品牌和销售产品。在当今买方市场当中，做为商务活动的主体，企业如果能够与消费者及时沟通，不仅能向消费者传播相关产品知识，还可以为消费者提供消费指导，向有利于自己品牌建设的方向进行引导，并同时能够获得更多的消费者信息，进行更加有目的的市场营销活动，使企业在市场竞争中处于更有利的地位。因此营销沟通是非常必要和关键的。随着社会的发展，我们需要关注新营销方式下的沟通。本模块主要从电话营销和网络营销这两个新兴的营销方式来对营销沟通进行阐述。

学习子情景一　电话营销沟通

一、知识导入

小知识

电话营销方法

➢**D－E－F 电话营销法**

➢D－E－F 电话营销法意指 Details（细节）－Enthusiasm（热情）－Feel（试探）、

Felt（接触）、Found（抓住）。在电话销售中营销人员需要注意细节；在沟通的过程中，需要具备对产品的热情；同时通过试探消费者的反应，在不断的接触中，抓住消费者真正的需求点进行沟通，从而与消费者建立良好的关系，达到预期营销效果。

合一架构法

在沟通过程中，营销人员不宜直接对顾客进行反驳或批评，不使用“但是、就是、可是”等语气比较强硬的词语，而是站在对方的角度使用可以缓和双方气氛的、委婉的、对方能够接受的方式来进行沟通，多使用“同时”等这一词语。三种常见的合一架构句型为：我很了解……同时……我很感谢……同时……我很同情……同时……

二、知识准备

（一）电话营销的概念

电话营销是指在市场营销过程中，通过使用电话、传真等通信技术，有计划、有组织、有目的并且高效率地扩大顾客群，提高顾客满意度，维护顾客群，提高企业市场占有率，扩大产品销售额的市场营销手法。电话营销是企业在激烈的市场竞争中积极探索新的市场营销方式的产物，它与传统的营销方式相结合，促进了市场营销的发展。

电话营销在发展过程中，不仅是先进科学技术的运用，更是多种新营销理念和营销方式自我完善的过程。电话营销的主要优势在于：能与顾客直接沟通，可及时收集反馈意见并回答提问；可随时掌握顾客态度，使更多的潜在顾客转化为现实顾客。但同时电话营销也存在着客户看不到推销物品、容易被客户拒绝，与客户沟通不直观、可信度较差，成功率较低，积极性容易受到打击等劣势。因此要想使电话营销沟通顺畅、有效率，必须遵循一定的规律和技巧才能够事半功倍。

（二）电话营销的沟通步骤

电话营销作为一种现代化的营销手段，在运用的过程中，我们可以遵循一定的步骤来进行，特别是对于一些刚接触电话营销的人员来说，了解电话营销的步骤则更为重要。一般情况下，我们可以把电话营销的步骤分为三个阶段。

第一个阶段是引发潜在客户的兴趣。引发电话另一端潜在客户的兴趣，是成功电话营销的前提。如果客户对产品或者话题不感兴趣，所有的推介和努力都将是毫无意义的。因此在这个阶段，需要做的是：

1. 准备。

好的开始是成功的一半，俗话说不打无准备之仗，在电话营销的开始，我们应该做三个准备：

环境准备。安静整洁的环境可以营造出平和的心态，有利于与客户的沟通，同时可以使自己思维开阔，能够把要与客户探讨的问题考虑得更加全面、详细。

心理准备。在拨打每一通电话之前，都要坚定信念，认为自己所拨打的电话是有效的、非常重要的，并且是会成功的，甚至可能会对自己的人生有很大的影响。只有带着必胜的或认为“这通电话非常重要”的想法去拨打电话，才可能对所拨打的电话有一个认真、负责和坚持到底的态度，才能做好每一次电话营销。

内容准备。内容准备是电话营销过程中最重要的一个方面，只有内容烂熟于心，才能够不打无准备之仗。因此在拨打电话前，首先把要表达的内容准备好。最好事先把要阐述的内容罗列在记录本上，以免在接通电话之后，由于紧张或者其他原因遗漏了重要的讲话内容。

2. 策划。

策划是为了达到某种特定目标、借助一定的科学方法和艺术，为决策或计划而构思、设计、制作出可行方案的过程。因此，一次理想的、高效的电话营销也可以借助事前的策划来达到。

首先，策划目标。做每一件事情之前都需要有一个目标，电话营销也不例外。在打电话之前应该想好：电话打给谁？打电话干什么？什么时候打电话最合适？用何种方式向潜在客户进行推介？所推介的产品亮点是什么？应该如何去介绍它？只有上述这些问题自己都考虑明白，才能够有的放矢地打电话。

其次，策划开场白。接通电话时应主动寒暄。“您好”“早晨好”等轻松活跃的开场白可以让对方快速进入状态，准备继续听你讲话。接下来应做自我介绍：“我是××公司的×××。”注意在自报家门的时候，公司和自己名字都要报全称。然后直接确定电话的目标客户：“麻烦您请×××先生/小姐接听电话，好吗?”这种非常礼貌的言谈可以很快让别人接受并乐意帮忙。

3. 倾听。

多数人认为倾听是与生俱来的。其实不然，听某人讲话不一定是倾听。倾听是一种能力，具有一定的技巧。需要倾听人员非常专心，能够知晓对方的心理和情绪的波动，并且能够在关键时刻迎合对方的话语，让对方感到你确实明白他的感受，从而获取对方的信任。所以在电话营销当中，良好的倾听技巧是成功进行电话营销的关键。

要想成为一名优秀的倾听者需要具备以下几方面的素质：耐性、聚精会神和敞开心扉。没有听完别人的讲话就打断是一种非常不礼貌的行为，会引起对方的反感；在电话营销中，这可能意味着你将会错过很多机会，因此，耐心听对方说话是倾听的关键。在电话沟通的过程中，心不在焉是影响倾听效果的最大敌人。不专心听别人讲话而心存杂念，会让对方怀疑你打来电话的真诚度，从而得不偿失。倾听的另外一个忌讳是猜测对方讲话的真假，不拿对方当朋友。在沟通过程中不敞开心扉，遮遮掩掩，将会大大影响对方的信任度，降低电话营销的效果。

4. 根据客户的需求切入自己的营销主题。

在与客户沟通的过程中，特别是在倾听客户的谈话内容时，应不时地根据客户的讲话内容进行回应，用柔和的声音和贴心的话语感染对方，赞扬对方的专业能力，肯定对方公司在行业中的地位等，但同时要不失时机地切入自己的营销主题，根据客户的需求引入本企业及产品的特征，以期激发客户对自己营销产品的兴趣。

在电话营销的第一个阶段根据以上做了充足的准备，同时根据对方的倾诉了解潜在客户的需求，在恰当的时机切入自己的营销主题，引发客户对自己产品的兴趣之后，就进入了下一个阶段。

第二阶段是获取潜在客户的信任。在最短的时间内能够获得一个陌生人的信任不仅需要高超的沟通技能，还需要对行业、公司和产品的深入了解。

1. 要有高超的沟通技能来推介自己的公司以及产品。

"顾客不开口，神仙难下手"。成功的电话营销人员在电话营销的过程中听的要比说的多，最好的情况是潜在客户讲70%，自己只说30%，并且在自己所占用的30%的时间内，要简明扼要地针对主题进行阐述，在引起客户兴趣的基础上获得对方的信任。而让顾客多说的方法就是有效的提问，如："×××经理，不知道上次送给您的报价单或企业宣传单，您看了吗/您看了感觉如何"等。在沟通推介的过程中，内容主要涉及本企业管理、文化或行业中的优势等，同时还要突出自己产品的价格优势。总之，在推介的过程中，避免多说，说的时候要重点突出，言简意赅。

2. 熟练介绍公司产品。

电话营销过程中，首先要熟练掌握公司产品的特性，以便当客户提出专业问题时，能够熟练回答，显示自己的专业性，而不是说等查询过之后再回复顾客。当客户产生购买兴趣时，常常会进行详细询问，这时客户会有一些特殊需求，营销人员应根据自己产品的特点进行介绍，对比产品特征和客户的特殊需求，看是否能够满足客户的需求，使客户感到自己的需求被尊重和重视。在与客户沟通的过程中，还要学会利用"优势问题"来介绍自己的产品，"一个优秀的营销人员要让客户感到你不是在向他卖东西，而是在满足他的期望或者解决他的问题"。这就需要营销人员事前对客户需求进行分析，在此基础上提出自己的"优势问题"，针对客户需求来凸显产品的独特优势，在满足客户需求的同时吸引客户的注意力。另外在介绍产品的时候，应该简明扼要，激发潜在客户的好奇心理，为下次的约见做铺垫。

当客户在电话沟通过程中对企业以及产品产生了一定的兴趣，并且在进一步的沟通过程中，对企业产品产生了购买欲望，电话营销就进入了第三个阶段。

第三阶段是与客户签约。

进行电话营销的最终目的是为了获得客户的肯定，签订合约，获取销售利润，这也是企业营销的最终目标。一般情况下，达到这一阶段不是一次电话就能够完成的，需要营销人员不断地追踪、跟进，同时对于公司与客户之间所存在的异议进行沟通和排除，最终签订合约。在该阶段，对于异议的防范和排除是最为重要的。

在沟通过程中，并不是联系的每一个客户都会答应你的请求，遇到反对和拒绝是非常平常的事情。首先要明白，说"不"不一定是拒绝你这个人，而可能是由于某种原因而进行的一种礼节性的谢绝。这时要搞清楚客户谢绝的原因。如果对方本身不是决策者，最好的办法是收集可靠的信息之后再打给决策者；如果对方对产品性能和质量有异议，应该采用澄清的办法，不要回避问题，尽快简明扼要地解除客户的疑虑，才是成交的关键，同时也要避免阐述更多细节，以免节外生枝。同时，注意在回答客户问题时候，言语诚恳，杜绝争论，永远记得"客户的需求是第一位的"。

当成功地解决了企业与客户之间的异议之后，就意味着与客户之间达成协议，成功地完成了这次营销任务。但是达成合约并不意味着一切结束，在合约签订之后，后续工作也是电话营销中非常重要的一个部分。首先要进行总结，聪明的人以别人的经验为起点，吸收别人的经验成为自己努力的起点，才不会浪费时间，少走冤枉路；其次，要注意售后质量的保证，产品销售出去并不意味着不再有责任，而是应该履行合约上规定的一系列售后服务，甚至增加额外的服务，让客户感到物超所值；最后还要做好电话回访，电话回访的目的是征求客户使用产品的情况，根据客户的回馈不断地进行产品或者本身沟通上的改进，才能够不断地提升电话营销成功的概率。

让客户喜欢的十种理由　小知识

1. 说话要真诚。
2. 给客户一个购买的理由。
3. 让客户知道不只是他一个人购买这款产品。
4. 热情的销售员最容易成功。
5. 不要在客户面前表现得自以为是。
6. 注意倾听客户的话，了解客户的所思所想。
7. 明确能够给客户提供什么样的服务。
8. 不要在客户面前诋毁别人。
9. 当客户无意购买时，不要继续施压。
10. 攻心为上，攻城为下。

（三）电话营销的沟通技巧

电话营销是一种最为方便的传播和沟通手段，是发展最快的企业营销方式。下面我们学习在电话沟通中需要注意的一些技巧性问题。

1. 养成随时记录的习惯。

不论在哪里，做什么，只要需要电话沟通，手头都必须放有方便进行电话记录的笔和本子，能够随时记下客户的需求和问题。同时本上还应该有客户的要件记录，以便能够随时提醒近期要做的比较重要的事情。

2. 自我介绍时候，应该报出自己的姓名和单位名称。

一般情况下可以开门见山："你好，我是××公司的某某某。请问某先生在吗？"同时说话节奏应该稍缓，语气加重。以便让对方能够有时间回想，同时能够加深对方对自己及公司的印象。不能自以为是地认为对方知道自己是谁，或者让客户去猜，这都是不礼貌的行为，会引起客户的反感。

3. 确定对方是否具有合适的通话时间。

向客户打电话时，他们也许正忙工作，因此应当表明自己尊重对方的时间，并给他们足够的时间作适当的调整。因此，在电话开始就应该询问对方："您现在接电话方便吗？""您现在忙吗？""您现在有时间听电话吗？""这个时候给您打电话合适吗？"等等。这样做，既是为了使对方能定下心来与自己从容讨论，也显示了自己的礼貌。如果不得不在对方不方便的时候去打搅，应当先表示歉意并说明原因，从而让客户有心理准备来接听电话。

4. 及时表明自己打电话的目的。

接通电话时，应立即向对方表明自己打电话的目的，然后迅速转入所要谈的事情，最有效的电话营销是在30秒之内能够引起对方的注意。在对方工作时间内，一个不熟悉的人通过电话套近乎，很长时间不知所云，浪费对方时间，是很令人反感的事情。

5. 避免边打电话边与别人交谈。

如果你在打电话的时候，边打电话边与旁人交谈，这对电话另一方的对象来说是非常不礼貌的行为，应避免这种事情的发生。如果确实有非常重要的事情需要处理，你应该向对方道歉，请对方稍等，并以最短时间处理事情；如果事情比较复杂，可能让对方久等，那应该向对方道歉，然后过一会再打过去。同时致歉时候应该简明扼要，不需要过多解释。

6. 不要占用对方过多时间。

主动给别人打电话时，尽可能避免占用对方过多时间。因为也许对方正急着处理另一事情，如果你打电话时间过长，对方会十分反感。如果你的事情确实需要很长时间，请先告知对方，询问什么时候有时间接你电话，从而不会在对方忙碌的时候过多地占用对方的时间。

7. 如果想留言请对方回电，切记要留下自己的电话号码。

即使对方是自己经常联系的人员，也需要留下电话号码，这样对方不需要去查询就可以直接回电。同时别忘了告诉对方回电话的最佳时间，这也是留言的最基本礼仪。

8. 通话前妥善组织通话内容。

通话前，最好让对方对自己所谈的内容有所准备。可以事先把有关资料寄去或发送过去电子版，使双方可对照资料进行交流，对所存在的问题或重点进行沟通，节省时间。通话开始时应简明扼要地说明通话的目的和存在的问题，提出可供选择的方案，指出双方分歧所在，找出解决办法，通话结束时稍加归纳。同时在通话过程中要根据材料进行沟通，对提纲上所列要点应逐一解决，以免遗漏。

9. 用心聆听对方的谈话。

在电话交谈中时常会有听不清的时候，所以应该特别集中注意力。忌讳边打电话边东张西望，心不在焉，这样不仅影响通话效果，对对方来说也是非常不礼貌的行为，会引起对方反感，影响营销效果。

10. 注意自己通话过程中的措辞及语法。

在电话沟通过程中，措辞时切记要合乎身份，不可太随便，也不能太生硬。在称呼时最好加上对方的头衔，如“博士”“经理”“教授”等。总之，无论男女，都不可直呼其名，即使对方客气地要求你如此称呼，也不可过分使用。对对方的要求作出反应或对方提出要求时，态度应积极而有礼貌，比如：“请别忘了……”或“我会注意那件事的”等等。

11. 适时结束通话。

通话时间过长会使对方反感，亦不能通过加长通话时间将感受强加给对方，不要在电话中夸夸其谈。要站在对方的角度考虑问题，控制通话时间，及时提醒自己结束通话，给对方考虑时间。一次电话不能够解决的问题，可以约定下次通话或约见。

三、任务演练

1. 请根据下面一段电话营销，说出销售人员存在的不足以及你认为需要改进的地方。

数月以前，一家国内IT企业进行笔记本电脑的促销活动。该公司电话营销人员进行电话营销。

营销人员：先生，您好，这里是××公司个人终端服务中心。我们在搞一个调研活动，您有时间回答我们两个问题吗？

顾客：你讲。

营销人员：您经常使用电脑吗？

顾客：是的，工作无法离开电脑。

营销人员：您使用的是台式机还是笔记本电脑？

顾客：在办公室用的是台式机，在家就用笔记本电脑。

营销人员：我们的笔记本电脑最近有一个特别优惠的促销活动，您是否有兴趣？

顾客：你就是在促销笔记本电脑吧？不是搞调研吧？

营销人员：其实，也是，但是……

顾客：你不用说了，我现在对笔记本电脑没有购买兴趣，因为我有了，而且用的很好。

营销人员：不是，我的意思是，这次机会很难得，所以，我……

顾客：好了，你不要说了，我没有兴趣，再见！

2. 假设你是青岛某会展公司的电话营销人员，打电话到某公司进行展会的推广。请现场模拟一下给陌生客户打第一通电话，想想应该以什么方式开场？

四、能力拓展

1. 请对下列电话营销开场白案例进行分析，指出都有哪些错误点？

案例1　销售代表："您好，陈小姐，我是××公司的××，我们公司已经有近十年的经营历史，不晓得您是否听说过我们公司？"

案例2　销售代表："您好，陈小姐，我是××公司的××，我们专业从事代理××钢厂的××系列产品，请问你现在的货源主要从哪个钢厂购进？"

案例3　销售代表："您好，陈小姐，我是××公司的××，几天前我寄了一些资料给您，不晓得您收到没有？

案例4　销售代表："您好，陈小姐，我是××公司的××，我们专业提供适合贵公司的××系列产品。不晓得您现在是否有空？我想花一点时间和您讨论。

2. 案例分析——电话营销中，如何吸引客户的兴趣。

销售代表："喂，陈玲小姐吗？我是××公司的××，我们公司专业提供贵企业生产/经营需要的××系列产品。今天我打电话过来的原因是我们公司最近新到的一批产品价格非常优惠，已经帮助许多像您一样的企业获得高额收益。为了能进一步了解我们是否能替贵公司服务，我想请教一下贵公司目前是由那一家经销商为您服务？"

重点技巧：

（1）提及自己公司的名称及专长。

（2）告知对方为何打电话过来。

（3）告知对方可能产生什么好处。

（4）询问准客户相关问题，促使准客户参与。

常用的开场白类型介绍如下：

（1）相同背景法。王先生，我是××公司的××，我打电话给您的原因是许多像贵公司一样的企业成功加入了我们客户服务体系。我们公司曾经替许多成功的企业提供过优良产品，我们为他们节省了不少费用和宝贵的时间，并成为了他们的长期供货商。我能请问您现在由哪家公司为您服务吗？

（2）缘故推介法。王先生，我是××公司的××，您的好友刘凯先生觉得我们公司的服务很好，让我打电话给您。也许您也会对我们的服务有兴趣。能请问您现在由哪家公司为您服务吗？

（3）补救客户法。王先生，您好，我是××公司的××，您在半年前与我们作最后一次合作后，到现在一直没有联系，是我们的疏忽。我想打电话给您，询问您是否有需要我帮忙的地方？

（4）老客户法。销售代表：王先生，我是××公司的××，最近可好？

老客户：最近心情不好。

销售代表：王先生，怎么回事？嗯，看看我今天可不可以让您心情好一些。我今天打电话给您的原因是，我们公司最近新到了一批价格优惠的产品，很多老客户都反映不错，我也想了解一下您是否有需要我为您服务的地方？

学习子情景二　网络营销沟通

一、知识导入

网络营销小知识

小知识

个性化营销

个性化营销（Personalization Marketing），最简单的理解就是量体裁衣。在网络营销中，就是用户定制自己感兴趣的信息内容、选择自己喜欢的网页设计形式、根据自己的需要设置信息的接收方式和接受时间等。个性化服务在改善顾客关系、培养顾客忠诚度以及增加网上销售方面具有明显的效果。特别是随着信息技术的发展，个性化营销的重要性日益凸显。

病毒性营销

病毒性营销（Viral Marketing），是一种常用的网络营销方法，常用于网站推广、品牌推广等。病毒性营销利用的是用户口碑传播的原理，因可以像病毒一样迅速复制并蔓延而得名，而并非真的以传播病毒的方式开展营销。病毒性营销是一种高效的信息传播方式，由于这种传播是用户之间自发进行的，因此几乎是不需要费用的网络营销手段。

二、知识准备

（一）网络营销的概念

网络营销（On－line Marketing 或 E－Marketing）是以国际互联网络为基础，利用数字化的信息和网络媒体的交互性来辅助营销目的实现的一种新型市场营销方式。简单地说，网络营销就是以互联网为主要手段，为达到一定营销目的而进行的营销活动。它以计算机网络为媒介和手段，进行各种营销活动（包括网络调研、网络新产品开发、网络促销、网络分销、网络服务等），利用网络对产品的售前、售中及售后的各个环节进行跟踪服务。

网络作为企业的一个窗口，面对所有的消费者。因而如何高效地与潜在客户进行沟通，已经成为网络营销的一个重点。为了更好地学习网络营销的沟通技巧，我们应该首先了解网络营销沟通与传统营销沟通的区别、网络营销的方式以及策略，在此基础上学习网络营销的沟通技巧。

（二）网络营销的沟通与传统营销沟通的区别

1. 沟通方式不同。

传统营销中主要是通过信函、电话、面谈、电视、杂志、广播等方式，将营销信息传送给顾客及利益相关者。在传统的沟通过程中，虽然可能有互动，但是由于高昂的成本，互动非常有限，信息主要是从企业到消费者的单向流动。而网络营销的沟通则是双向的，互联网的应用使企业能以低成本与消费者进行信息丰富的沟通，企业不仅向消费者传达了相关信息，还获得了消费者更多的需求信息，有助于消费者做出正确的购买决策。通过网络，企业和消费者形成了良性的互动交流。

2. 沟通理念不同。

传统营销中的营销人员在和消费者沟通时，更多地倾向于说服消费者接受自己的观念和企业的产品。因为传统营销高昂的成本使企业营销人员迫切地想通过成功的签约来实现利润，具有很强的功利性。而在网络营销中，由于企业的营销理念更倾向于以消费者的需求为中心，企业在和消费者沟通时，主要是从消费者的个性和需求出发，寻找企业产品、服务与消费者需求之间的共同点，并在适当的时候通过企业的营销策略来满足消费者的需求，达到营销目标。

3. 沟通时空限制的不同。

传统营销中企业与消费者的沟通由于人员、地域及工作时间等问题，具有明显的时空限制，一般只能在工作时间才能够对消费者的疑问进行回答。而网络营销可以打破这一局限，企业与消费者无论何时何地都可以通过互联网来进行交流，这种信息的交流可以实时进行，不受时空的限制，既提高了企业的服务质量，也更好地满足了消费者的需求。

4. 沟通的个性化程度不同。

传统营销的沟通方式具有一对多的特点，从企业传达出来的信息被传递给众多消费者，消费者只能被动地接受，而不能表达自己的特殊需求，因此这种信息的传递对于消费者来说缺乏针对性，不能满足消费者的特殊需求。但通过互联网，企业根据消费者的不同需求，可以通过电子邮件、即时聊天等多种方式进行个性化沟通。在互动沟通的过程中，更趋向于信息对称，在实现供需方双向沟通的同时，也更大程度地满足了每个消费者的个性化需求。

（三）网络营销的方式及营销策略

企业通过网络进行营销，目的是促进产品在线销售及扩大品牌影响力。在互联网发达的今天，企业可以采用的网络方式多种多样。下面介绍几种企业主要运用的网络营销方式及相对应策略。

1. 网站建设。

网站建设是企业网络营销的基础，通过企业网站进行推广是很多企业网络营销的重要一环。网站的专业性直接影响网络营销的效果及企业的形象。因此，建设好企业网站需要注意的有：

（1）界面友好，便于浏览，排版合理，速度流畅；

（2）针对搜索引擎进行优化；

（3）功能齐全，便于管理，易于交流；

（4）数据要保证准确。

2. 搜索引擎营销。

调查表明，搜索引擎是人们发现新网站的最基本方法，因此搜索引擎营销已经成为企业网络营销的一个基本手段。搜索引擎营销是让自己的网站在搜索引擎的搜索结果页面上处于比较前面或比较上面的位置。如此一来，看到的人就会比较多，被点阅的机率也会比较大，从而提升网站流量。

现在多运用的是搜索引擎优化，它通过对网站结构、高质量的网站主题内容、丰富而有价值的相关性外部链接进行优化而使网站在搜索引擎上更加具有优势，同时为网站引入更大的流量。

统计表明，网站60%的访问量均来自各大搜索引擎，因此，选择各大搜索引擎进行企业营销，是进行网络营销的重要手段。

3. 信息发布。

信息发布既是网络营销的基本职能，又是一种实用的操作手段。通过网络，企业除了可以浏览到大量的商业信息外，还可以发布企业信息。最重要的信息发布是将有价值的企业新闻或产品信息及时发布在自己的网站上，以充分发挥网站的传播功能，提升企业形象及知名度，特别是针对有利于企业发展的新闻、新产品信息、优惠促销信息等来宣传企业或促销产品。

进行信息发布时，分为免费和付费两种推广形式。无偿信息发布，一般是在相关的专业网站上发布企业信息和产品情况。潜在客户对专业网站进行浏览时，可以初步了解企业和产品信息。由于无偿性，这类信息的功能和效果均有所欠缺，对企业和产品的推广也非常有限。因此，付费信息发布更加有效，主要分为网络媒体信息发布和专业信息发布两种（见表4－1）。

表4－1　付费信息发布分类

方 法	说 明
行业新闻资讯发布	企业网站活动及动态通过行业新闻资讯发布平台进行
专业信息平台发布	参加百度、新浪等门户网站的分类信息发布

4. 网络广告。

在网络营销手段中，网络广告的作用最为直接。与传统广告相比，网络广告一般具有较大的信息载有量和良好的交互性，可以使企业网站获得更高的点击率。网络广告虽然效果比较明显，但它也是一种投入较大的推广方式。因此，在进行网络广告推广时，应注意广告投放对象的选择。广告投放对象要符合网站访问群的特征，并要根据不同推广阶段对网络广告进行调整。一般来说，网络广告主要分网站广告和即时通讯广告（见表4－2）。

表4－2　网络广告的分类

方　法	说　明
网站广告	制订网站广告投放计划，在各大门户网站和相关主题网站进行投放
即时通讯广告	主要通过QQ、微信等即时通讯工具及视频网站进行投放

5. 论坛营销。

论坛营销是企业利用论坛这种网络交流平台，通过图片、文字、视频等方式发布企业相关信息，让目标客户更深刻了解企业的产品和服务的营销方式。其起到对企业的形象和品牌的宣传作用，加深市场对企业的认知度。

利用论坛来进行网络营销，首先需要有一定名气的版主，然后才能对企业和产品进行宣传。因此营销人员要学会一些方法来进行论坛营销：（1）使用签名档；（2）写软文炒作；（3）跟帖；（4）参加各种论坛活动。

6. 博客营销。

博客营销是通过建立企业博客，企业与用户之间的互动交流来体现企业文化，通常以行业评论、工作感想、心情随笔和专业技术等作为企业博客的内容，使用户更加信赖企业，深化品牌影响力的一种网络营销方式。

博客营销通过博客与客户沟通、发布企业新闻、收集和反馈意见、实现企业公关等，来增进与客户的关系，改善商业活动的效果。企业进行博客营销与企业网站推广相比作用比较相似，但博客营销更为大众化和随意一些，因此博客营销已经成为现在流行的一种网络营销方式。

除了上述所涉及的营销方式之外，还有很多我们经常看到的网络营销方式，如：电子邮件营销、分类信息营销、资源整合营销、网络体验营销、个性化营销、会员制营销、病毒性营销、网络视频营销、网络图片营销、RSS营销等，总之，不同的网络营销方式都是为了提升企业的营销效果。

（四）网络营销的沟通技巧

视频：跨境电商售前沟通

视频：跨境电商售中沟通

网络营销的沟通与传统营销沟通之间有很大的不同，在传统营销当中比较适用的方式在网络营销中不一定适用，因此，我们应该从以下几个方面对网络营销的沟通技巧进行把握。

1. 商品名称。

站点搜索工具在搜索商品时，往往根据商品名称和消费者所提交的关键词相匹配情况来得到搜索结果，所以，在确定商品名称描述信息时，商家应尽可能将买家会使用的、与本商品密切相关的关键字都写到标题中，这样可以大大增加被消费者搜到的机会。特别是在B2B、C2C等网络中介发布商品信息时，这种做法显得更为重要。例如，卖笔记本电脑的商家将他的产品取名为“联想（Lenovo）昭阳E660/E280笔记本电池，全新原装”，这样，消费者用“联想”“昭阳”“E660”“E280”“笔记本电池”“全新”“原装”等多个关键词都可以搜索到该产品。

2. 商品介绍。

商品介绍信息对于用户了解商品、有效激起消费者的购买欲望具有非常重要的作用。商品信息的介绍包括网页上的信息介绍和向客户交流过程中的信息介绍两种。

商品信息介绍首先要保证其真实、准确。信息应明确无误，让消费者看后能够明白商品的主要性能和指标。

其次，从市场营销的角度来说，网站提供的有效信息越详细，用户的满意程度越高，越容易激起消费者的购买欲望。所以在描述商品信息时，要尽量提供详尽的和商品有关的各种信息。

最后，应对商品的特点和利益进行形象描述。对于商品的介绍，如果仅仅局限于产品的各种物理性能，是难以使客户动心的。要使顾客产生购买欲望，需要在介绍产品的性能、特点的基础上，勾画出一幅美好的图景，以增强产品的吸引力。

3. 价格描述和磋商。

调查显示，价格优惠是顾客上网购物的重要原因之一。因此，在价格的描述上，一定要给消费者充分的吸引力，让他感觉到和传统购物相比，在网上购物获得了更多的实惠。很多网店都将商品价格分为市场价、普通会员价、VIP会员价。这样的价格描述让消费者意识到，与商店的关系越密切，得到的价格实惠就越多，而这种密切关系是通过经常购物和交流来实现的，有利于促进产品的销售和提升顾客的忠诚度。

4. 信息宣传、促销过程中的交流。

这个过程中的交流目的主要是希望扩大企业、品牌或商品的知名度，让消费者在一定程度上接受所宣传的商品。在这个过程中消费者所得到的有关商品的描述信息，会与购买后的实际商品性能、功效等进行对照，如果差别较大，则会有上当受骗的感觉，消费者心目中的企业形象就会受到影响。所以，在信息宣传、促销过程中，首先要保证诚信，不宣传虚假信息，不夸大产品功效。对于不同的客户，既要有个性化的表达沟通，迎合顾客的口味，又必须掌握许多共性表达方式与技巧，以体现企业的整体形象。沟通过程中要保持积极向上的态度，用语应当尽量正式、礼貌。

视频：商务日语信函撰写礼仪

5. 售前、售中、售后服务中的交流。

售前、售中、售后服务中沟通的对象一般都是购买过企业产品、或即将购买企业产品的客户。对消费者在售前、售中、售后所出现的问题，要尽量选择正面的语言表达，给消费者一个明确的意思表达，不要模棱两可，以免消费者产生歧义，引起不必要的麻烦。

6. 注重网络礼仪。

网络礼仪是在网上交往活动中形成的礼节和仪式，人们在互联网上交往需要遵循。网络上的信息传播比传统途径更加迅速、范围更广、影响面更大，因此在网络营销的信息交流中要十分注重网络礼仪，避免引起消费者的反感。

视频：沟通礼仪 1　视频：沟通礼仪 2　视频：沟通礼仪 3　视频：沟通礼仪 4　视频：沟通礼仪 5

7. 开展即时交流。

为进一步促进企业与消费者之间的交流，提高企业的客户服务水平，可通过网络开展多种形式的即时交流，如在线咨询和解答系统、QQ 在线服务等。在设立在线即时交流时要注意保持通道的畅通，回答迅速，不要让消费者久等，尽量让用户直接点击代表服务人员的头像就可以咨询，而不需要进行任何别的安装工作。

视频：网络社交礼仪之即时通讯工具礼仪

三、任务演练

1. 观察你周围多少人有过网购的经历。你觉得国内网店在哪些方面需要进行改进？

2. 李明经营一家体育用品公司，经过几年的发展，已颇具特色。为了更好地扩大经营规模，提高公司的知名度、信誉度，同时提高商品的市场占有率，他请专业人员建设了公司网站。网站建设好后，为了让潜在客户能够方便地找到网站并登录访问，需要进行网站推广。请问李明可以用哪些方式进行网络推广，哪种推广方式可用较低的费用进行，请阐述具体操作办法。

四、能力拓展

申请一个免费邮箱（如 ****@sina. com）。几天后，查看邮箱内是否有广告信息，谈一谈你的看法（如电子邮箱广告给商家带来了什么，对于消费者的利弊等）。

视频：网络社交礼仪之电子邮件礼仪　阅读：收发商务电子邮件的礼仪

5 学习情景五 管理沟通

情景任务

在商务活动中，作为职业人都要面对与他人的沟通，并学会有效的沟通技巧。通过本模块的学习，可以使学生在未来的职业场合能够正确地运用沟通技巧与上司、同事、下属进行有效的沟通交流，处理好人际关系，提高工作效率；并能将沟通技巧应用于日常生活。

学习子情景一　与上司的沟通

一、知识导入

沟　通

小知识

沟通就是信息传与受的行为。发送者凭借一定的渠道，将信息传递给接收者，并寻求反馈以达到相互理解的过程。

人与人的沟通过程包括输出者、接受者、信息、渠道等四个主要因素。沟通的基本模式为语言沟通和肢体语言沟通。人与人的沟通常会受到各种因素的影响和干扰，这些因素对沟通过程的质量、清晰度、准确性有着重大的影响，直接关系到能否使沟通达到完善有效。影响沟通的因素主要有个人方面的因素和环境方面的因素。

1. 个人方面的因素包括情绪因素、认知因素、知识水平等。

2. 环境方面的因素包括噪声、隐秘性等因素。

沟通的主要作用有两个：传递和获得信息，改善人际关系。有效的沟通能让我们高效率地把一件事情办好。善于沟通的人懂得如何维持和改善相互关系，更好地展示自我需要、发现他人需要，最终赢得更好的人际关系和成功的事业。有效沟通的意义在于：

（1）满足人们彼此交流的需要；

（2）使人们达成共识和更多的合作；

（3）降低工作的时间成本，提高办事效率；

（4）能获得有价值的信息，并使个人办事更加井井有条；

（5）使人进行清晰的思考，有效把握所做的事。

沟通的诀窍，一句话：先处理心情，再处理事情。要让别人觉得你尊重他，那就要学会聆听，聆听之后，要学会认同和赞美。

二、知识准备

（一）与上司沟通不良的影响

多数情况下，人与人处于不同的沟通平台。如果每个人都想着自己的道理，按照自己习惯的方式与人沟通，就不容易产生双方均满意的结果。不能很好地沟通，对每个职业人士都会有很大影响。如果跟上司之间缺乏良好的沟通，还可能会让他对你的工作态度和工作方式缺乏正确的理解，以至于造成不必要的误解，甚至丧失晋升的机会。

案例

职场上与领导沟通与否的区别结果

景然在公司的企划部工作已经两年多了，参与了许多重要公关活动的策划和实施，是这个部门最有经验的员工之一。部门副经理的职位一直空着，凭借资历和能力，景然认为自己很有可能是这个职位的当选人。

可最近景然发现了竞争对手——刚来公司不到半年的新员工费欣欣。按说，就她的资历还得熬几年才能出头。

可是接下来发生的几件事让景然对费欣欣不得不刮目相看。一次，两人同去一家公司谈一个项目，回来后已经是中午，景然径直走进公司食堂吃午饭。当她回到办公室的时候，经理笑眯眯地走进来说："你们做得不错，看来这个项目成功的希望很大嘛。"原来，欣欣已经把情况在第一时间向经理一五一十地汇报过了。

第二次，景然和欣欣在办公室里就项目方案做了一些深入讨论，许多想法景然都是第一次流露，当时欣欣听了拍手叫好，对她大大称赞了一番。第二天，经理把景然叫到办公室说："昨天欣欣说了许多新的想法，我觉得很不错。"景然的眼睛越瞪越大，因为从经理口中说出的"新想法"都是自己的设想，不过是在此基础上完善了一些而已。经理大概看出了景然的心思，笑着说："欣欣说了，其中许多点子都是你的主意，但她能够把这些点子进行整合，再加入自己的构思，很有想法，也很有创意。对于她这样工作经验不算丰富的女孩子来说，不容易。这样吧，这个项目原来是我统管，现在就由她来主抓，希望你能好好配合她完成这个项目。"景然再也说不出什么抱怨的话了。

从那以后，景然留意观察欣欣的工作风格，发现她最大的优点就是勤于跟经理沟通，无论大事小情、工作的进展和困扰，或者偶然产生的灵感，她都能在适当的时间跟经理做充分沟通。有时他们聊得兴致盎然，就像交往多年的老朋友一样融洽。半年后，公司下发了一项人事任命：费欣欣担任企划部副经理。

（二）与不同类型上司沟通的技巧

所有即将步入职场的人都会祈祷自己遇到一位好上司，不会太挑剔、不会太苛刻、不会太严厉。摆平自己的上司就成为职业生涯一路升迁的关键。我们要学会在工作接触中观察上司的言行，了解他的性格、好恶，从而采取不同的沟通技巧。

1. 冷静谨慎型上司。

冷静谨慎型的上司会欣赏一丝不苟的工作作风、严谨的工作态度。他往往喜欢一份记载详细的工作报告，所以提交给他的工作计划也是越详尽越好。你对工作不需要提出多么大胆的创新。在这种上司的眼里，做好本职工作才是第一位的，所以你不如保守一点。言谈举止适当、穿着得体大方也是他对员工下属的基本要求。另外，谨慎的人有很强的自我保护意识，因此要注意不要与他过于亲近，保持适当的距离，即使和他有私下的交往，也要切记君子之交淡如水。

2. 工作狂型上司。

工作狂型的上司认为只有不断工作的人才懂得更好的生活，因此他非常欣赏努力工作、不断创新的下属。面对这种上司，你要把自己也变成和他一样的工作狂，不断向新的业绩挑战，经常有大胆的设想，和他一起把本团队员工的积极性调动起来。但如果他给你过大的任务量，令你不堪重负，想改善这种状况时，不要直接向他提出，他会认为你是一个不努力的下属。你可以先物色一个适合这项工作的人，然后在适当的时候向上司推荐这个人，耐心向他解释，增加一个人会使任务完成得更加出色。

3. 优柔妥协型上司。

优柔妥协型的上司耳根子软没有主见，做事情优柔寡断，很容易被人说服。他可能很容易接受你的建议，但同时又可能因为别人的影响而发生动摇。他总是朝令夕改，令你措手不及。这时的你最好遵照他的意思，做好计划书是一个明智的做法。但你也可以多向上司阐明你的观点，还可让持相同观点的其他同事向上司进言，支持你的观点或计划。但如果你的上司总是这样，那么你就该做出反应了，拿出照他的意思做好的计划书给他看，并告诉他为了这份计划书，你付出了很多劳动。

4. 豪爽外向型上司。

豪爽外向型的上司是一个外向而粗线条的人，不讲究华而不实的表面东西，因而他更看重下属的实际工作能力，会欣赏办事细致、果断有魄力的下属，希望他的员工和他一样办事利索爽朗。优柔寡断、软弱妥协是他最反感的品质。另外，他不反感不拘小节的人，不会要求你上班的时候必须穿职业套装；喜欢轻松愉快的办公方式，喜欢和自己的员工下属打成一片，对员工下属要求相对宽松。但这样的上司原则性很强，切记不要触怒他，不要背着他搞小动作或是当众顶撞他，激怒了他就不好办了。

5. 吹毛求疵型上司。

吹毛求疵型的上司相对来说就比较不容易对付了，因为挑毛病好象成为了他的习惯。他对员工下属的要求苛刻而不近人情，是属于不体谅下属的类型。如果你不想被他的百般挑剔弄得神经兮兮，就只有摆正心态不要太介意他的批评，要知道挑刺只是他的习惯而已。分析一下他的批评抱怨，确有道理的照办，无理要求可适当采取拖延战术“冷处理”，拖得时间长了他也没有精力再纠缠这些细枝末节，会催促你快把事情了结。但如果这种类型的上司见高就拜、见低就踩，做事缺乏责任心，你就不能一味容忍，应找一个机会向他表明你的意见，如他不接纳，那么你该考虑跳槽了。

6. 管家婆型上司。

管家婆型的上司事无巨细，什么都管。表面上他似乎相当开朗，鼓励人尽其才，实际上他只是将下属当工具。他的意见就是命令，不会尊重员工下属的意见，哪怕是非常有价值的。在他的手下工作你不会有表现的机会，也更难获得成就感。他有时甚至会过于关心员工下属的私人生活，认为你的全部生活就是工作，你整个人当属于公司。对于这种上司，你最好的方法就是主动向他汇报工作情况，让他对你们的工作进展了如指掌，这样他的心情自然就舒畅多了。

7. 暴躁型上司。

暴躁型的上司是天生的急性子、脾气暴躁，经常因为一点小事就大发雷霆。遇到这种类型的上司你要谨慎小心了。观察一下他发脾气是否有一定的规律：是否你所做的工作总是令他不满意？是否他容易将个人情绪带进办公室？如果确实是因为你的工作做得不够好，那么，就不要推卸责任或试图解释，最好的方法就是冷静地对他说，你立即去调查这件事或以后会注意，然后立即离开他。如果是他自己的问题，公私不分，喜欢把个人情感带进办公室，那你就没有必要用别人的错误来惩罚自己了，对他敬而远之是最好的办法。如果实在太压抑，你就要考虑换一份工作了。

8. 摆款型上司。

摆款型的上司自恃清高，喜欢摆架子，但多心胸狭窄、嫉妒心强。在这种类型的上司手下工作，如果下属太出色、太露锋芒，会有被排挤和不被重用的危险；而如果下属的成绩平平，又容易成为牺牲品。所以，与这种类型的上司相处，能容忍就尽量容忍，只要不违背自己的良心。在他摆款的时候做好自己的工作，偶尔附和他几句也无伤大雅，但要切记不要和这样的上司发生直接的正面冲突（见图5－1）。

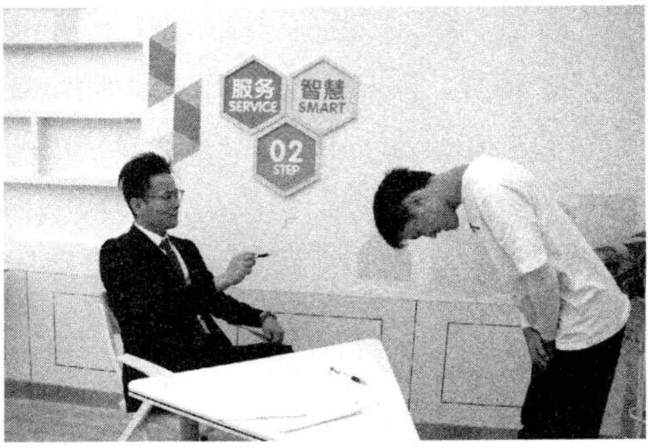

图5－1

（三）影响有效沟通的其他因素

与上司能否顺畅沟通，除了了解他的性情、心理之外，还有一些因素不能忽视，比如适当的时机和地点、有力的依据、对于结果的充分预测等，都是保证有效沟通的重要因素。

1. 适当的时机。

通常早晨刚上班的时候上司最繁忙，而快下班的时候他又疲惫心烦，显然都不是最好的沟通时机。上午10点左右，上司可能刚刚处理完清晨的业务，有一种如释重负的感觉，这时提出问题和建议，会比较容易引起他的重视和思考。无论什么时间，如果他心情不太好的话，最好不要打扰他。

2. 适当的地点。

上司的办公室当然是最好的谈工作地点。但是如果他经过你的座位，突发奇想要就某个问题与你探讨；或者你们刚好同坐电梯，而他又表现出对你工作的兴趣时，也不失为沟通的好场所。当然这要看你的反应和智慧了。

3. 提供极具说服力的事实依据。

推广一项新的提案或者提出改进现有工作制度、程序的建议，一定要有足够的说服力，不能给上司留下一个头脑发热、主观臆断的印象，提案中不可或缺的是真实的数据和资讯。事实胜于雄辩，这个道理可以说明一切。

4. 预测质疑，准备答案。

对于你的建议和设想，上司可能会提出种种质疑。如果这时你吞吞吐吐、自相矛盾，成功机率会大大减少，同时还会给上司留下你逻辑性差、思维不够缜密的印象。最好充分预想上司可能有的疑虑并一一准备答案，这样就可以胸有成竹地站在他面前了。

5. 突出重点。

先弄清楚上司最关心的问题，再想清楚自己最想解决的问题，交谈时一定要先说重点。因为上司的时间是你难以把握的，很可能下一分钟就有一个电话进来，或者一件重要的事情打断你们的谈话。如果东拉西扯，可能这就是一次毫无意义的交谈。

6. 切勿伤及他的自尊。

上司毕竟是上司，无论你的建议多么完美，你也只是站在自己的角度考虑，而上司要统筹全局，他要协调和考虑的角度是你不曾涉及的。因此阐述完你的建议后应该给他留一段思考的时间，即使他犹疑或否定了你的建议，也不要出现伤及上司自尊的言行。这不单是对上司的尊重，也是你的涵养和素质的体现。

7. 上司的邀请。

上司提出喝一杯或发出吃饭邀请的时候，要积极回应“好”并参加。受到招待的话要礼貌地表示感谢，第二天早上到公司的时候要打一声招呼，并说“多谢昨天的款待”。如果由于另有约会等必须拒绝上司的邀请时，应用“真是很难得，但是今日有约”等柔和语言来婉拒。即使上司年龄比自己小，也应按上司来对待。

（四）跨越沟通三大障碍

1. 不认同公司制度或做法却不敢言。

不认同却不敢说，一向是职业人士的痛苦根源。许多想法只能闷在心里，或者找朋友吐苦水。怨气一天天地累积，最后在提辞呈的那一天终于爆发。等到上司挽留时才发现，原来上司并不是那么顽固，而所有不满的现状也不是那么不可改变。

心理提示：大部分上司不会对提出良好建议的员工反感，与那些默不作声的员工相比较，他们会认为你是个有头脑、有责任心的人。而且，不必等到你的想法完全成熟才讲出来，因为你们的角度不同，你百思不得其解的问题在上司那里可能迎刃而解，而你的一句建议可能正好是他百忙中疏漏的问题。所以想到什么可以说出来。

2. 自己的职业规划难以满足。

每个人对自己的职业生涯都会有所规划。如果你对自己的现状或未来不满可能会郁闷烦躁，认为满腹才华无处施展，甚至辞职，然后到其他公司应聘更高的职位。也许递辞呈给人事部经理的时候，他会说，太可惜了，我们正准备提拔你呢！

心理提示：如果对自己的现状或未来不满一定要主动向上司讲出来，问上司是否可以帮你转型、提升，而大部分上司都会乐于帮助他的员工成长。不过，与上司沟通时最好只谈工作，加薪和升职的问题一定要慎重。因为在薪水和职位上公司有一定的制度，如果公司认为你对公司很重要，即使你不提，上司也会有所考虑。

3. 无法与主管融洽相处。

许多人在选择工作时关注更多的是公司的老板以及公司的发展前景，而忽视了自己所要工作的部门主管，结果一进入角色才发现，跟自己打交道最多的正是这个被忽略的人。你每天要听他的指令，被他调遣，所有的工作进展要向他汇报……如果你们能够相处融洽，当然最好不过。但万一你们水火不相容，那就麻烦了。

心理提示：由于无法与主管相处而辞职的情况比比皆是，其实你完全不必非走这条路。因为主管并不是你在公司唯一的上司，即使你们难以沟通，也可以越过他与人事部门或更高一级的负责人反映情况。许多情况经过第三方调和还是有好的转机的，况且你们的争执未必都是你错，也许要为此付出代价的是他而不是你。

和上司沟通的6个黄金句

小知识

句型1：我们似乎碰到一些状况。

妙处：以最婉约的方式传递坏消息。如果冲到上司的办公室里直接报告坏消息，就算不干你的事，也会让上司质疑你处理危机的能力。此时，你应该用不带情绪的声调，从容不迫地说出本句型，让上司觉得事情并非无法解决，而且听起来像是你与上司站在同一阵线，并肩作战。

句型2：我马上处理。

妙处：上司传唤时冷静、迅速地做出这样的回答，会令上司认为你很有效率和担当；相反，你犹豫不决的态度会惹得责任本就繁重的上司不快。

句型3：安琪的主意真不错。

妙处：表现出团队精神。安琪想出了一条连上司都赞赏的绝妙好计，你恨不得自己脑筋动得比她更快。与其拉长脸孔，暗自不爽，不如偷沾她的光，会让上司觉得你富有团队精神，因而另眼看待。

句型4：让我再认真地想一想，3点以前给你答复好吗？

妙处：巧妙闪避你不知道的事。上司问了你某个与业务有关的问题，而你不知该如何作答，千万不可以说不知道。本句型不仅暂时为你解危，也让上司认为在这件事情上你很用心。不过，事后可得做足功课，按时交出你的答复。

句型5：我很想知道您对某件事情的看法。

妙处：恰如其分的讨好。你与高层要人共处一室，这是一个让你能够赢得青睐的绝佳时机。但说些什么好呢？此时，最恰当的莫过一个跟公司前景有关，而又发人深省的话题。在他滔滔不绝地诉说心得的时候，你不仅获益良多，也会让他对你的求知上进之心刮目相看。

句型6：是我一时失察，不过幸好……

妙处：承认疏失但不引起上司不满。犯错在所难免，勇于承认自己的过失非常重要，不过这不表示你就得因此对每个人道歉。诀窍在于别让所有的矛头都指到自己身上，坦诚却淡化你的过失，转移众人的焦点。

三、任务演练

1. 情景分析1——与上司沟通不良。

尽管小王的业绩比较突出，可在业务会上，上司很少表扬他，倒是那些业绩平平的同事成了上司心目中的新宠。小王几次想跟上司沟通，询问上司对他的看法，可每当想敲上司的办公室门时，他又犹豫起来……直到有一天，还没到公司统一发工资的日子，上司却通知他去财务科领工资，他才知道被公司解聘了。小王百思不得其解。

原来公司领导听说小王在外偷偷兼职，有吃里扒外之嫌。其实小王是冤枉的，他根本没有在外兼职，是他的同事嫉妒他业绩出众，打小报告诬陷他。假如小王及时跟上司沟通，事情就不会发展到这种地步。

请分析该案例中的小王在与上司的沟通中存在哪些不足之处？

2. 情景分析2——杨岚的困惑。

杨岚是一个典型的北方姑娘，在她身上可以明显地感受到北方人的热情和直爽。她喜欢有什么说什么，总是愿意把自己的想法说出来和大家一起讨论，正是因为这个特点她在上学期间很受老师和同学的欢迎。

今年，杨岚从西安某大学的人力资源管理专业毕业。她认为，经过四年的学习，自己不但掌握了扎实的人力资源管理专业知识而且具备了较强的人际沟通技能，因此她对自己的未来期望很高。为了实现自己的梦想，她毅然只身去广州求职，选定了一家研究生产食品添加剂的公司。她之所以选择这家公司是因为该公司规模适中、发展速度很快，最重要的是该公司的人力资源管理工作还处于尝试阶段，如果杨岚加入，她将是组建人力资源部的第一个人，因此她认为自己施展能力的空间很大。

但是到公司实习一个星期后，杨岚就陷入了困境。原来该公司是一个典型的小型家族企业，企业中的关键职位基本上都由老板的亲属担任，其中充满了各种裙带关系。尤其是老板给杨岚安排了他的大儿子做杨岚的临时上级，而这个人主要负责公司研发工作，根本没有管理理念，更不用说人力资源管理理念，在他的眼里，只有技术最重要，公司只要能赚钱其他的一切都无所谓。但是杨岚认为越是这样就越有自己发挥能力的空间，因此在到公司的第八天杨岚就拿着自己的建议书走向了直接上级的办公室。

“陈经理，我到公司已经快一个星期了，我有一些想法想和您谈谈，您有时间吗？”杨岚走到经理办公桌前说。

“来来来，小杨，本来早就应该和你谈谈了，只是最近一直扎在实验室里就把这件事忘了。”

“陈经理，对于一个企业尤其是处于上升阶段的企业来说，要持续企业的发展就必须在管理上狠下功夫。我来公司已经快一个星期了，据我目前对公司的了解，我认为公司主要的问题在于职责界定不清；雇员的自主权力太小致使员工觉得公司对他们缺乏信任；员工薪酬结构和水平的制定随意性较强，缺乏科学合理的基础，因此薪酬的公平性和激励性都较低。”杨岚按照自己事先所列的提纲开始逐条向陈经理叙述。

陈经理微微皱了一下眉头说：“你说的这些问题我们公司也确实存在，但是你必须承认一个事实——我们公司在赢利就说明我们公司目前实行的体制有它的合理性。”

“可是，眼前的发展并不等于将来也可以发展，许多家族企业都是败在管理上。”

“好了，那你有具体方案吗？”

“目前还没有，这些还只是我的一点想法而已，如果得到了您的支持，我想方案只是时间问题。”

“那你先回去做方案，把你的材料放这儿，我先看看然后给你答复。”说完陈经理的注意力又回到了研究报告上。

杨岚此时真切地感受到了不被认可的失落，她似乎已经预测到了自己第一次提建议的结局。

果然，杨岚的建议书石沉大海，陈经理好像完全不记得建议书的事。杨岚陷入了困惑之中，她不知道自己是应该继续和上级沟通还是干脆放弃这份工作，另找一个发展空间。

视频：与领导沟通

请分析该案例中的杨岚为何与上司沟通失败？

3. 情景分析3——从下面案例中的研究生身上，你学到了什么？

有一名研究生，毕业之后就到一家外企的销售部工作，现在已经做了5年了，一直没有得到提升，而当时与他一起进入这家外企的其他研究生都当上了部门经理。这是什么原因呢？

原来，3年前的一天，经理和公司董事长一起来检查工作，当来到他的办公室时，这位研究生为了显示自己，对经理说：“经理，我想提个意见，我发现公司的内部管理比较混乱，有时连一些客户的订单都找不到。”董事长就在身边，经理的脸色立刻大变。从此以后，经理对这个研究生采取不理不顾的态度。尽管他很有才能，却一直没受到重用。

四、能力拓展

与上司沟通的演练。

情景模拟 1：两个人一组，一人扮演上司，一人扮演下属。二人在电梯中巧遇，扮演下属的学生主动找上司聊天。

情景模拟 2：模拟与官僚型上司沟通你对工作的创新想法。

学习子情景二　与同事的沟通

一、知识导入

案例

不会沟通，从同事到冤家

小贾是公司销售部一名员工，为人比较随和，不喜争执，和同事的关系处得都比较好。但是，前一段时间，不知道为什么，部门的小李总是处处和他过不去，有时候还故意在别人眼前指桑骂槐，对与他合作的工作任务也都有意让小贾做得多，甚至还抢了小贾的好几个老客户。

起初，小贾觉得都是同事，没什么大不了的，忍一忍就算了。但是，看到小李如此嚣张，小贾一赌气，告到了经理老梁那儿。经理把小李批评了一通，从那天起，小贾和小李成了绝对的冤家。

案例评析：小贾所碰到的事情是在工作中经常出现的一个题目。在一段时间里，同事小李对他的态度大有改变，这应该是让小贾有所警觉的，留心是不是哪里出了问题了。但是，小贾只是一味地忍让，这不是一个好办法，更重要的是多沟通。

小贾应该考虑是不是小李有了一些什么想法，有了一些误会，才让他对自己的态度变得这么恶劣，应该主动及时和小李进行一个真诚的沟通，比如问问小李是不是自己什么地方做得不对，让他难堪了之类的。任何人都不喜欢与人结怨，误会和矛盾在比较浅的时候更容易因沟通而消失。

二、知识准备

（一）与同事沟通的重要性

沟通是人与人之间相互了解的最重要环节。在工作岗位上与同事保持良好的沟通是必要的。同事之间的沟通障碍会使平时的合作遇到难以预料的麻烦，甚至会形成恶性的人际关系，对工作和心情都有很坏的影响。人的一生中大部分时间都是在办公室与同事相处中度过的，因此，与同事进行有效的沟通、培养良好的人际关系是非常重要的。

（二）同事的定位

现代汉语词典里解释“同事”为同一单位的人。但正如一个人可以担任父亲和儿子两种角色一样，同事也可以有多种身份。以下几种同事关系比较常见，不过，全都是职场生活中的大忌。

1. “父母”。

曾小姐出生在一个环境优越的家庭，基本上不干家务活。毕业后分配到外地，什么事情都要自己打理，常常力不从心。幸好有位比她大几十岁的女同事，对她百般照顾。曾小姐感激之余，总会对她说些自己的隐私。没有多久，她们为一件小事吵架了。女同事一时口快，把曾小姐的秘密全部说了出来。曾小姐又气又恼：“我把她当作自己的亲妈，她怎么能这样?”

父母的爱是无私永恒的，同事不是父母。同事对你所做的一切，全是因为个人好恶所致，可能今天这样，明天那样，你不能苛求他们像父母一样包容照顾自己。

2. “老师”。

李先生是一个勤奋好学的人，一遇到不懂的问题，不管上班还是下班，都要拉着同事不放，非要搞明白不可。同事小赵刚哄完孩子睡觉，李先生便闯进家门，大声讨论半天。等他满意而去，孩子早就哇哇大哭了。小赵的爱人赌气，将李先生列入不受欢迎客人名单。

请教是好事情，但也得有度。同事和老师不同，他们也会打勾打叉，但没有责任每次都指明理由。

3. “佣人”。

阿强刚被提了个办公室主任，心情格外高兴。新上任的头一个月，有事没事爱指使同事，惟恐别人不知道他现在已经是个“官”了。时间一长，原来情同手足的兄弟对他相当冷淡，干起活来也是敷衍了事。

现代心理学研究证明：情感是一种双向交流的心理迹象，只有有所予，才会有所得。与下属保持平和的态度，关心他们的生活，就会更容易得到下属的支持，以便工作更好地贯彻落实。

（三）同事间沟通的要领

情境分析：乔凯和鲍冰同在一家公司工作。鲍冰在公司人缘极好，不仅技能精湛，而且总是笑脸迎人，和同事和谐相处，乐于帮助别人。同事对他的评价很高。一天下班后，乔凯有事找经理，到了门口时，听到里面正在说话，依稀有鲍冰的声音。他听到鲍冰正在向经理说同事的不是，平时很多不起眼的小事被鲍冰添油加醋地说着，并且还说到自己的坏话，借机抬高他本人。乔凯不由心生一阵厌恶。

假设乔凯采取下列行动，会产生什么样的结果呢?

A. 当场冲进经理办公室与鲍冰进行理论。

B. 第二天上班后找鲍冰理论，问他为什么要中伤同事以及自己，告诉其他同事鲍冰向经理说他们的坏话了。

C. 第二天上班后找经理解释自己并非鲍冰所说的那样的人。

D. 不动声色，对鲍冰保持戒心，处处留意自己的言行，确保自己不被抓住把柄。

实际上乔凯采取的行动是：从此以后，乔凯对于鲍冰的一举一动、每一个表情、每一句话都充满了厌恶和排斥感。他无论表演得多好，说多好听的话，乔凯都对他存有戒心。而经理对鲍冰的态度也发生了变化，他对鲍冰很冷淡。因为他也有一双眼睛，发现有些事并非像鲍冰所说的那样严重，他觉得鲍冰的人品有问题，因而在内心里已生厌恶之感。可见，上级并非都喜欢下属向他打小报告的。

那么，与同事相处究竟有哪些沟通技巧？下面我们就来简单介绍一下。

1. 与同事保持适当距离，不拉帮结派，避免不当伤害。

很多人可能都有这样的困惑，不知道怎样和同事相处。距离太远了不好，人家会认为你不合群、性格孤僻、不易交往。太近了也不好，如果几个人交往过于频繁，容易形成表面上的小圈子，让别的同事产生猜疑心理和对立情绪："是不是他们又在谈论别人是非？"也容易令上司误解，认为在拉帮结派。更不应该在圈内圈外散布小道消息，充当消息灵通人士，这样永远不会得到他人真心对待，只会对你惟恐避之不及。"君子之交淡如水"，与普通朋友相处，尚要保持适当的距离，跟同事相处，更要有"距离"意识。只有和同事们保持适当距离，才能成为办公室中受欢迎的人。

防人之心不可无，与同事相处不能凡事完全无所保留、和盘托出，尤其是你并不十分了解的同事，切勿把自己的私密告诉对方。尽量少在同事面前抱怨单位领导，指责其他同事。如果一时憋不住劲儿，也要注意说话的方式。

2. 无需嫉妒。

同事间容易比较，如看见别人的着装较有档次，同伴较会打报告等，心里会不舒服。这时不妨提醒自己：衣服穿在不同的人身上会有不同效果，也许我的衣服她穿并不漂亮，她的衣服也并不一定适合我等；同时，也要研究什么样的着装更适合自己。同事的报告如果对公司有利，应该完全赞同，如果只为他个人利益，可以不去理会，相信对其将来长远的发展必无益处。

许多同事平时一团和气，然而遇到利益之争，尤其是遇到晋升、加薪等问题时，就当"利"不让，或在背后互进谗言，说风凉话。这样不光明正大，于己于人都不利，同事间的关系会变得脆弱。因此对待升迁、功利要时刻保持一颗平常心，抛开杂念，专心投入工作中，不要手段、不玩技巧，但决不放弃与同事公平竞争的机会。

绝大多数人都不会在同一家公司干一生，大家均是过客而已。关心值得你关心的、学习值得你学习的东西足够了。

3. 表示友好，学会微笑，适度赞美。

对办公室里的每一个人都应表示友好，尤其对同性更应如此。因为每个人来公司上班均是为了一个共同的目标，感受同一种压力，工作中谁也少不了谁，这样来看待同伴，关系就很好处理。对于同性，很多感受和对事物的看法都有共同点，所以可以找一些大家都感兴趣的话题，来表示友好。

一成不变的工作容易使人变得乏味，一句由衷的赞美或一句得体的建议，却会使同事感觉到你对他的重视，无形中增加对你的好感。当然要注意不要盲目赞美或过分赞美，不要对同事评头论足（包括对工作、处世、服装品位、个人习惯等），这些都是个人不成熟的表现。因为每个人都有自己的原则，作为同事，只能尊重他人的权利和隐私。超越了自己身份的言行，都会引起同事的反感。如果想进一步拉近与同事的距离，不妨在闲暇时，和同事一起参加有意义的活动。在集体生活中发掘每个人的另一面，这也是一种很不错的“人际关系润滑剂”！

此外，微笑是表示友好的最好方法。面对同事时，不要时刻绷紧脸，尽量让自己保持开朗的心情，学会对每个同事都面带微笑，这样他们会主动拉近与自己的距离。

4. 别过分自我表现。

法国哲学家罗西法古说：“如果你要得到仇人，就表现得比你的朋友优越；如果你要得到朋友，就要让你的朋友表现得比你优越。”

你的同事喜欢埋头苦干，不习惯与人应酬，陪客户喝酒谈生意的事全交给了你处理。你的酒量又刚好不错，还可以讲几个客户喜欢的段子，客户对你颇有好感。一次，喝酒过度，你向客户吹嘘这份计划书你也能做得出来，客户当场表示要以高薪来聘请你。消息传到公司，你的同事马上与你反目成仇，老板也准备就此事和你“好好”谈谈。

适当的时间，适当的地点，勇于自我表现可以提升同事对你的好感度。反之，则会给自己增添一些不必要的麻烦。

5. 不轻浮，不故作姿态，不举止怪异。

对异性采取大方、不轻浮的态度是与异性工作伙伴交往中一个很关键的原则，其中包括行为和言语两方面。以尊重异性工作伙伴的关系来处理办公室中的一些事情，将会使某些复杂的事情变得简单一些。千万不要将办公室的异性关系处理成类似“恋爱关系”，也不要与某个异性发展成比其他异性更加亲密的关系，办公室里的关系要区分“轻重缓急”。

另外，办公室内不要给人“新新人类”的感觉，毕竟这是正式场合。无论穿衣，还是举止言谈，切忌太过前卫，给人风骚或怪异的印象。使同事认定自己没有实际工作能力，是个吊儿郎当、行为怪异的人。

6. 摸清同事的潜在语言。

很多事情同事不能直率地对你讲，但他们的行动可以反映出来。如周末同事们约好一起爬山，却没有告诉你。显然他们不喜欢你，可能是你与上司太亲密，以致脱离了群众，或者因为你工作很出色，常被上司表扬，引起了同事的妒忌。这就提醒你，要尽快与同事拉近关系。又如，同事领着朋友到办公室，但没有给你介绍，这表明他觉得你太古怪，不愿让他的朋友跟你接触；或者你以前也没关心过其他同事的家人，他觉得你不会关心他的朋友，没必要介绍。

要想和同事搞好关系，就必须摸清他的潜在语言。以便有效地认识自己在办公室中所处的地位，进而调整自己的交际策略，使自己在办公室关系中游刃有余。

7. 牢固建立“友好合作”的关系，以大局为重，多补台少拆台。

同事之间既是“合作者”，又是“竞争者”，因此，必然会产生既渴望“合作”，又警觉“竞争”的复杂心理。如果想在这种复杂的关系之下游刃有余，就必须与同事逐步建立互相信任、互相支持的协调关系。而在这个过程中，巧妙地消除对方警觉“竞争”的心理障碍，主要是靠行为的“显示”，而不是靠语言的“表达”。

与外单位人员接触时，如果背后对同事品头论足、挑毛病，甚至恶意攻击，影响同事的外在形象，长久下去，对自身形象也不利。因为一个搬弄是非、口无遮挡的人不能获得别人的信任和好感，同事们由于工作关系走在一起，就要有集体意识，以大局为重，形成利益共同体。特别是在与外单位人接触时，要形成“团队形象”的观念，多补台少拆台，不要为自身小利而损害集体大利，最好“家丑不外扬”。

8. 对待分歧要求大同存小异。

同事之间由于经历、立场等方面的差异，对同一个问题，往往会产生不同的看法，引起一些争论，一不小心就容易伤和气。因此，与同事有意见分歧时，一是不要过分争论。客观上，每个人接受新观点都需要一个过程，主观上往往还伴有好面子、争强好胜的心理，彼此之间谁也难服谁。此时如果过分争论，就容易激化矛盾而影响团结。二是不要一味“以和为贵”，即使涉及原则问题也不坚持、不争论，随波逐流，刻意掩盖矛盾。面对问题时，特别是在发生分歧时要努力寻找共同点，争取求大同存小异。实在不能一致时，不妨冷处理，表明“我不能接受你们的观点，我保留我的意见”，让争论淡化，又不失自己的立场。

9. 发生矛盾时，要宽容忍让，学会道歉。

同事之间经常会出现一些磕磕碰碰，如果不及时妥善处理，就会形成大矛盾。俗话讲，冤家宜解不宜结。在与同事发生矛盾时，要主动忍让，从自身找原因，换位为他人多想想，避免矛盾激化。如果已经形成矛盾，自己又的确不对，就应放下面子，学会道歉，以诚心感人。退一步海阔天空，如有一方主动打破僵局，就会发现彼此之间并没有什么大不了的隔阂。

10. 敢于承认错误。

与同事合作，由于意外的出现，工作没能顺利完成，给公司造成了一定损失。错误的责任你们双方都有份，可他选择了沉默。你应该主动向领导说明情况，主动承担相应责任。领导不但不会怪罪你，相反还会因为你知错认错、不推脱责任而欣赏你。同事也会因此对你格外感激。

而好事就争、难事就推的行为，会破坏同事间的相互协作。同事相处，应当分清职责，属于自己的责任，决不能推卸，否则将失去同事对自己的信任，以后再无合作的可能。

谁也不是完人，工作难免失误，发生了，就勇于担当，才是对工作负责的做法。

11. 切勿满腹牢骚。

工作时应该保持高昂的情绪状态，即使遇到挫折、饱受委屈、得不到领导的信任，也不要牢骚满腹、怨气冲天。否则只会适得其反。要么招人嫌，要么被人瞧不起。很多刚刚毕业的大学生往往将在大学里养成的言论自由的习惯带到工作中来，想说什么就说什么，什么制度不合理，什么规定有问题，指指点点，动不动就对已经长久存在并固化的工作制度提出怀疑，动不动就“上书”一把，最终只能是搬起石头砸自己的脚。

12. 切忌趋炎附势、攀龙附凤。

做人就要光明正大、诚实正派，人前人后不要有两张面孔。在领导面前充分表现自己，办事积极主动，极尽溜拍功夫；在同事或下属面前，却推三阻四、爱理不理，一副予人恩惠的脸孔。长此以往，处境不妙。

13. 切忌逢人诉苦。

把痛苦的经历当作一谈再谈、永远不变的谈资，会让人避让三舍。忘记过去的伤心事，把注意力放到充满希望的未来，做一个生活的强者。这时，人们会对你投以敬佩多于怜悯的目光。

完全同事手册

小贴士

◎多给同事发言的机会，避免自己唱独角戏。
◎同事之中，酒肉之交不是朋友，患难之交才是朋友。
◎从来没有什么免费的午餐，如果同事请你白吃白喝，必有事相求。
◎言不及义的话不要说，也许你一句不负责任的话，会给同事带来麻烦。
◎与同事争执时，注意有理不在声高，最好用事实来证明自己，而不是用语言。
◎理解他人等于帮助自己。
◎微笑面对生活，微笑面对工作，微笑面对每一个同事。
◎偶而送些小礼物给需要它的同事。
◎耳朵比嘴巴更招人喜欢，要学会倾听同事的烦恼。

沟通要点

小贴士

◎语言要运用有利于对方感情上容易接受的语言文字，多用陈述性语句，避免或尽量少用评论性、挑战性语句。

◎语言文字的意义要明确，不要拖泥带水、模棱两可，以免接受者产生误会。

◎努力做到措词得当、通俗易懂，在一般非专业性交谈情况下，尽量少用专业性术语。

◎书面沟通时酌情使用图表，富有形象性，使对方容易理解与接受。在交谈中可借助手势、表情，将有助于思想感情的沟通。

◎尽量使用短句。一般情况下少用或不用长句，否则会使人产生累赘之感，不利于意见沟通。

◎叙事说理，力求言之有据、条理清楚。力戒颠三倒四、文理不通。

◎语言文字要净化，努力做到语言美，力戒脏话。

◎交谈中涉及对方生疏的人名、地名等要谈得慢些，重要的人名、地名要重复。

三、任务演练

1. 情境分析：下面的案例对你有什么警示？

小王是公司职员，总感觉生不逢时，才华未尽其用，所以经常和别人诉说自己的种种不幸，大倒苦水，什么待遇不好了，工作环境不好了。结果很少有同事与他聊天，所有人都惟恐避之不及。

2. 情景模拟：与同事沟通演练。

情景模拟 1：两个人一组，一人扮演 40 岁左右的同事，一人扮演刚进公司不久的年轻员工。资深员工比较严肃，不太好讲话。现年轻员工有问题请教资深员工。请两位学生（或请老师模拟资深员工）进行沟通模拟。

情景模拟 2：午间吃饭时间，两位同事一起去吃饭。请模拟二人之间的谈话过程，直至吃饭结束。

3. 沟通能力小测试：

下面有几个人在向你诉说自己的苦恼，之后有四个选择，请选择你认为最合适的答案：

（1）我刚刚失去工作，不敢告诉自己的爱人，她工作压力大，我不想让她知道。我每天早上照常起来假装上班，压力非常大，觉得找工作太难了，不知道还能撑多久。

A. 你要想开些，面包会有的，一切都会有的。

B. 你太悲观了，我当年比你惨多了，失业两年才找到工作。

C. 你可以告诉她，两个人共同想一些办法。

D. 你不敢把失业的事情告诉爱人，怕她担心，增加她的压力，可你也承受着很大压力，不知自己能否撑下去。

（2）我这个病可能永远好不了，活着是害大家，我真想一死了之。

A. 你怎么变得这样消极，你以前可不是这样！

B. 别想那么多，医生会努力的，我们会想办法，你不能失去信心。

C. 大家都希望你好起来，你却想一死了之！

D. 你觉得自己的病可能好不了，不想拖累大家，想一死了之。

（3）我这几天一直失眠，情绪糟糕之极。我完了，什么都没有了。心口隐隐发痛，我怀疑自己得了心脏病，尽管医生说我的心脏没有问题，可我不相信。

A. 既然医生说你的心脏没有问题，就不必瞎想。

B. 你身体这么好怎么可能得心脏病？

C. 现在好多医院的医生都不认真，你得再去检查一下，不怕一万就怕万一呀。

D. 你怀疑自己得了心脏病，对医生的检查你不相信，你十分担心，睡不好觉。

四、能力拓展

1. 自我检测项目：你在与同学交往与沟通中还有哪些方面需要去改善？

2. 问题讨论：

财务部经理为了保证提前统计出老总指示的月度财务报表，找到销售部的肖经理让他拿出销售收入汇总表。下面肖经理的几种回答会有什么不同的结果？

（1）我现在实在没有空。嗯，不过，我可以想想办法，加个班，没关系。

（2）我这里的正经工作还没有忙完呢，哪里有工夫管这些杂七杂八的事。

（3）你们是怎么搞的，平时我们没事你们不要什么表，现在我们忙起来了却给我们添乱。要什么表，是表重要，还是完成销售额重要？

（4）我希望我能够把销售汇总表按时交给你，但我们以前交报表都没有这么急，恐怕各个办事处都没有准备，我们试一下，再答复你，可以吗？

（5）没有人事先通知我们部门，你能否准许我的销售汇总表晚些时候交给你？

视频：与同事沟通

学习子情景三　与下属的沟通

一、知识导入

案例

经理与下属沟通交流案例

主管：营销部主管马林

下属：营销员小刘

案例情景：

小刘刚办完一个业务回到公司，就被主管马林叫到了他的办公室。

“小刘哇，今天业务办得顺利吗?”

“非常顺利，马主管，”小刘兴奋地说，“我花了很多时间向客户解释我们公司产品的性能，让他们了解到我们的产品是最合适他们使用的，并且在别家再也拿不到这么合理的价格了。因此很顺利就把公司的机器推销出去100台。”

“不错，”马林赞许地说，“但是，你完全了解了客户的情况了吗，会不会出现反复呢?你知道我们部门的业绩是和推销出的产品数量密切相关的，如果他们再把货退回来，对于我们的士气打击会很大。你对于那家公司的情况真的完全调查清楚了吗?”

“调查清楚了呀，”小刘兴奋的表情消失了，取而代之的是失望的表情，“我是先在网上了解到他们需要供货的消息，又向朋友了解了他们公司的情况，然后才打电话到他们公司去联系的，而且我是通过你批准才出去的呀!”

“别激动嘛，小刘，”马林讪讪地说，“我只是出于对你的关心才多问几句的。”

“关心?”小刘不满道，“你是对我不放心才对吧!”

思考：上述沟通中哪里出现问题了?

二、知识准备

（一）与下属沟通的重要性

与下属沟通是部门经理的一项非常重要的工作。

世界上最大的电气公司——GE公司的新任总裁在中国参加一个对话节目的时候，主持人问他：“作为GE公司的CEO，你认为一个管理者最重要的能力是什么?”他的回答就是一个词：“Communication”——沟通!他说自己的工作时间中有40%用于与下属沟通。可见沟通的重要性。

视频：与下属沟通

（二）与下属沟通的技巧

1. “伟大”来源于对待小人物上。

领导与下属在人格上是平等的。职位的不同，不等于人格上存在贵贱。有句话说：“伟大来自于如何对待小人物上。”尊重你的下属，实际上所获得的是不断增进的威望。某银行行长，每次进单位大门的时候，总要对门卫和收发室的临时工问这问那，很随和，使这些临时工感到十分亲切。和正式工比起来，临时工本来就有自卑感，常常怕被人看不起，但是，一把手的做法让他们感到了被尊重，从而大受感动。所谓的小事，却大大提高了行长的威望，也成了人们赞誉的话题。

你越是在下级面前摆架子，让下级服从你这位大领导，就越被下级看不起，认为你是“小人得志”；你越是对“小人物”放下架子，尊重他们，你在他们心中就越显得伟大。

2. 多激励少斥责。

每个人的内心都有自己渴望的“评价”，希望别人能了解，并给予赞美。身为领导者，应适时地鼓励、慰勉、认可、褒扬下属。当下属不能愉快地接受某项工作任务之时，如果领导说：“当然我知道你很忙，抽不开身，但这事只有你去解决，我对其他人没有把握，思前想后，觉得你才是最佳人选。”这样一来将使对方无法拒绝，巧妙地使对方的“不”变成“是”。这一劝说技巧主要在于对对方某些固有的优点给予适度的褒奖，使对方得到心理上的满足，使其转为在较为愉快的情绪中接受工作任务。

对于下级工作中出现的不足或者是失误，特别要注意不要直言训斥，要同你的下级共同分析失误的根本原因，找出改进的方法和措施，并鼓励他一定会做得更好。要知道斥责会使下属产生逆反心理，而且很难平复，会对以后的工作带来隐患。

如果你是位领导，带领几个下属去比赛保龄球。比赛的时候，下属抛过去的球打倒了七个，作为领导可能会有两种表达。其一：“真厉害，一下就打倒了七个，不简单！”这种语言是激励，对方听起来很舒服，其反应是“下次我一定打得更好！”。其二：“真糟糕，怎么还剩三个没有打倒呀！你是怎么搞的?”对方为了缓解领导对自己的压力，就会产生防御思维和想法，其反应是：“我还打倒了七个，要换了你还不如我呢！”两种不同的表达，前者起到了激励的作用，后者则让人产生逆反心理，同时也产生不同的行为结果。

3. 放下架子站在下属的角度考虑问题。

俗话说：设身处地，将心比心，人同此心，心同此理。作为领导，在处理许多问题时，都应换位思考。比如说服下属时常会出现障碍，并不是没把道理讲清楚，而是由于领导者没有替对方着想。关键在于领导谈的是否是对方所需要的。如果领导站在被劝说人的位置上瞻前顾后，同时把被劝者放在领导的位子上陈说苦衷，抓住被劝说人的关注点，沟通就容易成功。站在下属的角度，为其排忧解难，下属才能替领导排忧解难，帮领导提高业绩。

4. 领导应该是下属真正的朋友。

推心置腹，动之以情，晓之以理。领导者的说服工作，在很大程度上，可以说是情感的征服。只有善于运用情感技巧，以情感人，才能打动人心，说服别人。领导与对方谈话时，应使对方感到领导不抱有任何个人目的，没有丝毫不良企图，而是真心实意地帮助自己，为下属的切身利益着想。这样，沟通时双方的心就接近多了，会产生“自己人”的效应。

情感是交往的纽带，领导应该很好地运用，和下属交朋友，使自己成为下属真正的

“自己人”，成为完成群体目标的主体力量。

5. 语言幽默，轻松诙谐。

领导者与下属谈话，语言幽默、轻松诙谐，营造一个和谐的交谈气氛和环境很重要。上级和下属谈话时，可以适当点缀些俏皮话、笑话、歇后语，从而取得良好的沟通效果。只要使用得当，就能把抽象的道理讲得清楚明白、诙谐风趣，同时会产生一种吸引力，使下属愿意和领导交流。

领导的语言艺术，对于下属来说，既是一种享受，又是一种激励，可以拉近上下级之间的距离。

6. 与下属常谈心，增强凝聚力。

一位厅级干部在他还是一般职员的时候，一次，他的领导（厅级）在路上见到他，和他打招呼握手并问候他。虽然这是领导不经意的一次举动，但是在他心里产生莫大的震动，回去后，心情久久不能平静。他当时认为，这是领导对自己的重视和认可。此后他的工作一直做得很出色，受到单位领导和上级的一致赞扬，逐渐晋升为厅级领导。他也经常找下属谈工作、谈生活、谈发展。每次谈话，下属都受到很大的鼓舞。这个举动，增强了全员的凝聚力，使整个单位的工作做得有声有色。

图 5－2

经常找下属谈心，可以充分了解职员对单位发展的看法、职员的心态和情绪变化、对自己工作的反馈等，使职员得到上级的重视和认可，满足心理需要。对于形成群体凝聚力，完成任务和目标都有着重要的意义，有利于领导自身更好地开展工作（见图 5－2）。

7. 当众讲话对下属要有激励作用。

当众讲话属于公共场合沟通。如果一位领导或是管理者，在大众场合讲话没有鼓动性，言语平平，淡而无味，甚至连条理性都没有，那么他在群众心里的威望就会大打折扣。因为领导对于广大群众来说是能力的象征。当众讲话不力，会被群众认为能力不够。所以领导、管理者应努力提高自己的语言表达能力，训练自己善于当众讲话的基本功，在当众讲话时能起到振奋士气、激励下属、统一思想、统一步调的作用，形成一股强大的向心力，成为人们心目中真正的领导者。

另外，与下属沟通时还应注意：沟通不要太急于入题，最好事先做好铺垫工作；沟通之前必须做好知己知彼的准备工作；与下属经常沟通是赞成的，但是不宜因为频繁的沟通给下属造成与上司是哥们儿的印象。为了更好地开展工作，部门经理一定要有威严，“距离产生美。”

三、任务演练

分析“知识导入”中的案例，讨论该案例中的上司马林在沟通过程中存在哪些不足之处。并接续案例情景，分析马林可采取的沟通技巧，模拟演练马林与下属小刘的沟通过程，尽可能达到良好的沟通效果。要求模拟过程中演练的学生要尽可能将自己当成案例当事人，并根据沟通过程中的言语做出真实的反应。

四、能力拓展

我是一名部门主管，带领着一支年轻气盛、朝气蓬勃的团队。相近的年龄本应有利于我与员工的沟通，但在实际工作中我却遇到了始料未及的难题。

部门里有这样一位骨干员工，比我晚一个多月进公司，是部门里技术能力最强的，在员工中的影响力也比较大，一直受到上级的关注和倚重，曾经多次受到公司领导的表扬。在我工作初期，他对我的帮助很大，我们私下里的关系非常好。后来我被任命为部门主管，他成为我的直接下属。在接下来的工作中，我发现他身上存在很多问题：办事拖拉，执行力差；遇事自作主张，等到出了问题才向我汇报；对于我提出的建议，要么无动于衷，要么想都不想直接反对；工作与生活相混淆，区分不开工作与个人的关系——面对这样的下属，我该怎样和他沟通？

备注：我的性格比较急，平日里总是风风火火；而这名下属的性格则比较内向，遇事愿意闷头思考。

下面是该上司曾经采取过的沟通方式及结果。

方法一：问题出现后马上脸色铁青地找到他，声色俱厉地直接指出他的错误，并要求他立即改正，不留丝毫情面。结果，表面看来具体的事情是解决了，但以后他还会出现类似问题，日后工作不见改进——沟通失败。

方法二：私下里以朋友的身份请他吃饭，直截了当但语气平和地指出他的错误。他的反应是不吭声，我心里窃喜，以为此次沟通成功。结果回到工作中，他是外甥打灯笼——照旧，依然我行我素——再次失败。

方法三：召开小型会议，以小组学习的方式来委婉地、不指名道姓地指出他造成的问题，然后让每个人都发言表达意见。这次，他终于意识到了自己的问题，也信誓旦旦表决心要改正自己的错误。然而，时间一长，他的老毛病又死灰复燃了——还是失败。

方法四：在办公室内，以聊天的方式，平静、坦诚地指出他的工作方式存在的问题。他接受我的部分建议，但在某些重要问题上依然表现得非常顽固，以沉默的方式来对抗。这种方式我尝试了两三次，但是沟通进展缓慢，没有明显效果。更令人失望的是，这名下属觉得我老是故意找他的麻烦，开始变得意志消沉——又是失败。

方法五：我着急了，感觉自己的耐性就快被消磨光了，于是在气头上给他发了一封邮件，用严厉的语气指出他的问题并给出相应的建议。可想而知，我生硬的语言伤了他的自尊心，导致他认为我不尊重他，并开始和我怄气，平日里老是尽量回避我，偶尔相遇也不和我打招呼——依然失败。

练习1：分组讨论该上司与下属沟通失败的根源所在。

练习2：请两位同学模拟该主管和该下属，根据他们的性格特点及他们的关系，设计一个上司与下属有效沟通的情境，并进行演练。要求演练者在演练中尽可能根据对方的言语做出合理的反应。

第三部分

复杂商务沟通
——商务谈判

6 学习情景六 交易会谈判

情景任务

在商贸活动中，通过展会接到订单、获取客户的可能性较大。而决定获取客户的因素很多，如价格因素、业务员自身的谈判技巧、展位的位置等。其中有些因素没法改变，但是谈判技巧却是可以通过后天训练来掌握。通过本模块的学习，熟悉交易会谈判的整个流程，并掌握交易会的谈判技巧。

一、知识导入

案例

展 会 沟 通

李小姐是某公司的采购员。每逢建材、家居或文具类的展会李小姐都要光顾，采购一些公司计划中的材料或办公设备。此次出行，李小姐是要为公司选择一款会议桌椅。在浏览近半个展厅后，李小姐驻足在一个很有新意的展厅前浏览陈设品。参展人员十分热情，走到李小姐面前介绍："您很有眼光。正如您现在所见到的，这套会议桌椅的设计是一流的，而且材料质地上乘，这么豪华的桌子，放在您的公司里，一定可以大大提升您公司的气质。"李小姐轻声答到："这个，我倒不是很重视。你能给我讲讲它的具体构造吗？比如说高度、边角之类的……"参展人员热情地回答说："当然可以，这套桌椅设计十分独特，其边角都是采取欧洲复古风格……"李小姐摇摇头，打断了他的话，笑笑说："你说的这些并不是我最感兴趣的。我比较关心……"参展人员立刻接过她的话说："我知道您想说什么！这套家具采取了最典雅的象牙紫色，而且是用上乘的木料，外面还有保护层，我保证它的使用寿命绝对在20年以上。"李小姐很无奈，再次重复道："你说的这些，我都相信，也可以感觉到。不过，我想你误会我的意思了，我更关心它的……”显然，李小姐本想说：“我更关心是否适合我所在的企业用，这款桌子所配的相关椅子是多少付？”然而没等她说完，销售员又抢过她的话说：“我们公司特别为这套桌椅配置了一些茶具。这样，无论是您的员工还是您在会见客户时都可使用。此外，如果您买全套的，我们可以给您优惠价……”李小姐打断了他的话：“对不起，我想我不需要了，谢谢你。”

为什么这位参展销售员说了那么多好处——质量、价格等，却没能吸引客户，反而还打消了客户的购买热情呢？

如何和客户沟通应该说是很多参展人员最头疼的问题，也是最难把握的。究竟如何做好这一点，让我们面对客人时能掌握多一点主动，占据有利的形势呢？

视频：展前邀请礼仪

二、知识准备

视频：展中服务礼仪

（一）与客户沟通要因人而异

从展会角度来看，有效的沟通就是营销人员在展会上与潜在的客户保持联系，及时把企业的产品介绍给客户的一种有效方式。行业展会云集了众多的产品和商家，要让自己的企业与产品在同行中脱颖而出，让客户牢记，最重要的就是要突出“异”。企业参展的一个重要目的，就是通过展会直接与客户进行面对面的交流。但即使是专业展会，前来参展的客户所涵盖的范围也相当广泛：有技术人员、采购人员，还有负责收集市场信息的情报人员。对于技术人员来说，最想了解的是最新产品的研发进度和价位；对采购人员来说，寻找产品供应商是他们的最大目的；而对情报人员来说，目的则是收集最新的研发方案、产品性能等信息，在此基础上做比较分析，帮助自己企业进行生产研发。

视频：展会沟通

由于不同客户的关注重点不同，针对不同客户的咨询派出合适的人员与其沟通，将能更好地解决客户提出的问题，增加他们的满意度。因此，企业必须事先做好充足的准备，比如产品资料、产品报价单、沟通者的名片等。这是展会上参展人员在针对不同观众做出的最好回应，也充分加深了客户对企业的印象。

（二）要多问多听，及时了解客户的需求

如前面所述的例子，我们可以看得出，销售人员从见到李小姐到她离开，一直在用富有诱惑力的词汇介绍他们企业的产品。但李小姐最终选择了离开。很显然，李小姐遇到的那位参展人员，在没有弄清客户的真正需求前就滔滔不绝、漫无目的地讲解，结果只会适得其反。在展会上，如同李小姐的客户很多。作为展商一定要多问问来者需要什么帮助，多听听客户对展品提出的问题，做到以下几点：其一，要知道这个客人对自己的产品大概会有哪些

需求；其二，对于不懂产品的客人，可以按照自己的思路去引导客人；其三，要积极提问。在对客户的话语做出回应之前，要确保自己明白客户话中潜在的意图。“积极提问”背后是“安全地带”概念。它促使你去寻找可量化的特定信息，例如客户的目标是什么，他的选择标准是什么，他希望获得哪些可量化的收益，他使用什么样的评估系统。这样有针对性地提问和回答，客户就会把你当成一个真正的专家。

（三）与客户沟通时注意语言

作为销售人员，最重要的口头沟通是开场白和结束语。因为人们在沟通时易于记住刚开始和最后发生的事情。所以销售人员与客户沟通时，要特别注意开始时的礼貌寒暄和最后的结束语。

销售人员往往与提前预约的客户很熟悉，在交流时多大大咧咧。但在面对新客户时，却不知所措了。礼貌待客讲究即时应对，如主动打招呼以便让客户感受到热情接待；对客户提出的问题要做出准确、迅速而积极的回答。例如客户提出“某某在不在”这样的问题时，无论你是不是客户要找的人都不能说：“那不是我部门的事”或者“我不是您要找的人”。很小的语言差异往往导致完全不同的结果，所以最好使用积极的语言，如“我帮您找找”，就会比回答“不在”要礼貌得多。

在与客户沟通时，应该合理运用语言引导他们对产品产生兴趣。有的销售人员在谈客户时，往往会使用“我们的产品比其他企业同样的产品价格要低”或是“您如果选择我们的产品，会给您一定的优惠”等来留住客户。其实客户在选择商品的时候，价格往往不是唯一的标准。价廉固然重要，但质量是第一位的。面对知名度不高的产品，尤其是高价产品，客户常怀有戒备之心，力求从各个角度证实自己的购买会物有所值，然后才做出购买行为。大多数客户会通过与参展营销人员的交谈，以及对环境和营销人员的言行举止的观察来判断自己是否应该做出购买决定。因此，在展会上只有量化了客户的目标与选择标准、赢得客户的信任，从客户的需求方面来打动客户，让他感到物超所值，才可能促进客户签订订单。

（四）先与客户做朋友，再与客户谈生意

销售人员从见到客人到同客人交谈要始终把握住一点，那就是让客人感觉到是你想和他做朋友，而不是你想和他做生意。当自己与客户的私交建立起来以后，彼此的信任感也就随之产生，业务往来也就相应地接踵而至。

对于客户来讲，他们只信任那些“客户专家”型的销售人员。他们知道，这样的销售人员是根据客户的目标，而不是自己的产品特性来制定解决方案。当销售人员向客户询问其目标及选择标准时，客户会判断出销售人员把他们的需求放在什么位置。因此，在向客户推销自己的产品时应站在客户的角度考虑与解决问题。

对于急于想拿到订单、打开业务局面的新人，往往因为急于做成订单，而让自己处于被动，从而负担了很多不该负担的“费用”或者多做了产品以外的很多功课。因此，在展会上要促成的不是当下的业务订单，而是做到与客户做“朋友”。当然，这需要经过很多次同客人的“博弈”才能做好。

当前国内中小企业面对的大多是订单多、数量小、客户要求多的市场局面，因此，在展会上拓展业务时，与客户的每次谈判我们都要掌握好。业务的来源在于与客户的不断磨合，

所以，在与客户沟通时要注意所使用的技巧。

三、任务演练

模拟会展活动

对班内一半学生进行分组。每个组负责一个展位，扮演参展商。另外一半学生扮演观众。参展单位在正式参加展览会时，要求自己的全部派出人员必须齐心协力、同心同德，为大获全胜而努力奋斗。因此，在整体形象、待人礼貌、解说技巧等三个主要方面，扮演参展单位的小组同学尤其要予以重视。

在维护整体形象方面：在一般情况下，要求展位上的工作人员应当统一着装。在大型的展览会上，参展单位若安排专人迎送宾客，最好要求其统一着装，胸前绶带写有参展单位或其主打展品名称。为了说明各自的身份，全体工作人员皆应在左胸佩戴标明本人单位、职务、姓名的胸卡（礼仪小姐除外）。按照惯例，工作人员不应佩戴首饰，男士应当剃须，女士则最好化淡妆。

在礼貌待人方面，参展单位的工作人员都必须真正意识到客户是自己的上帝，为其热情而竭诚地服务是自己的天职。展览一旦正式开始，全体参展单位的工作人员即应各就各位，站立迎宾。

不允许迟到、早退、无故脱岗、东游西逛，更不允许在观众到来之时坐、卧不起，怠慢对方。当观众走近自己的展位时，不管对方是否向自己打了招呼，工作人员都要面含微笑，主动地向对方说："您好！欢迎光临！"随后，还应面向对方，稍许欠身，伸出右手，掌心向上，指尖直指展台，并告知对方："请您参观"。

当观众离去时，工作人员应当真诚地向对方欠身施礼，并道以"谢谢光临"，或是"再见"！

要善于运用解说技巧。在实事求是的前提下，要注意对其产品扬长避短，强调"人无我有"之处。必要时，还可邀请观众亲自动手操作，或由工作人员为其进行现场示范。不过，争抢、尾随观众兜售展品，弄虚作假，或是强行向观众推介展品等做法，则不可取。

模拟结束后，由扮演观众的学生进行点评，教师针对大家的表现做最后总结。

阅读：展台接待礼仪　　　　视频：展后跟进礼仪

四、能力拓展

1. 会展英语沟通训练。

背景分析：国际交易会上，来自美国的 Daniel Smith（丹尼尔·史密斯）先生来到中国供应商 Bruce Lee（布鲁斯·李）的摊位。以下是两者之间的对话，请将其翻译成中文。

Lee：Good morning sir，welcome to our booth.

Smith：Thank you very much. Your booth was arranged very nicely.

Lee：Thank you for your compliment. Would you like to have a seat?

Smith：Thanks.

Lee：Here's my business card.

Smith：Thank you. Please accept mine.

Lee：Oh，Mr. Smith，you are from America，have you known our company before?

Smith：Sorry，I haven't. Could you tell me something about it?

Lee：Yes，our company has engaged in textile production for many years，and our products have been sold all over the world.

Smith：I hope we can make a successful cooperation in the future.

Lee：I hope so too.

Smith：May I know some of your new products?

Lee：OK，here are our new products；they are sold very well aboard.

Smith：Oh，so many new products，some of them could be found in the market of my country.

Lee：I'm glad to hear that，take your time and look around，and you are welcome to our factory.

Smith：Sure，I'm planning to visit some factories after this trade fair. By the way，which province are you from?

Lee：Zhejiang Province.

Smith：Really，there is famous for light industry，isn't it?

Lee：Sure. Do you plan to go there?

Smith：Actually，I'll stay in Guangdong for five days，and then I am going to Zhejiang.

Lee：That would be great.

2. 参展技巧训练。

参展是非常有效的传统推广方式，买卖双方会在集中的几天之内进行高密度的接洽。通常来说，展会投资高、时间短，如何利用好展会期间的宝贵时间，使投资获得最大收益，是所有参展客户都关心的问题。因此，对参展技巧的把握程度将直接影响企业接单的成功率。

指出以下哪些是在展会中的不妥做法，进行改正并阐明理由。

（1）展览会期间没有人进入自己的展位时便坐在展位上。

（2）展览期间偶尔可以看下报纸或杂志。

（3）为有效利用展会时间，可以在展会上吃喝。

（4）空闲时间可以打打电话打发下时间。

（5）要主动地多发宣传资料，凡是来人便给。

（6）多与其他展位的人交谈。这样更能了解彼此的信息，加强沟通和了解。

（7）要多留意来访客户的穿着打扮，切勿让大客户从眼皮底下溜走。

（8）应多与参展伙伴或其他潜在顾客一起谈论，这样可以收集更多的信息。

（9）要满腔热情地宣传自己的企业和产品。在参观者看来，你就代表着企业。你的言行举止和神情都会对参观者认识你的企业产生极大的影响。

（10）要多喊先生、小姐或帅哥、美女，这样可以拉近彼此间的距离。

（11）要训练每个参展的工作人员都可以与新闻记者交谈。

（12）要佩戴好名牌。在展会上，你肯定不想让参观者叫不出你的名字。如果你将胸号牌戴在左胸，你就会犯这种错误。应把胸号牌戴在身体的左侧靠近衣领的地方，这样与人握手时，你的胸号牌就会更靠近对方。

阅读：促进交易的几种沟通方法

7 学习情景七 一般货物买卖合同谈判

情景任务

一般货物的买卖谈判在货物买卖交易活动中占有很重要的地位。如何在货物买卖中取得双赢，从而顺利签订合同，每个环节都至关重要。本模块从具体案例出发，对谈判队伍的组建、谈判方案的制定、谈判过程中策略和技巧的运用，以及谈判的后续工作的管理进行了任务的分解，使学生能对整个货物买卖的谈判流程形成深刻的印象，并掌握相关的技巧。

学习子情景一　谈判队伍的组建

一、知识导入

案例

案例一： 买卖双方就交货问题进行谈判。卖方的主谈人说："两个月内交货很困难，因为两个月内的订单都满了。"这时，他的一个辅谈人员接话说："别说两个月，三个月都难以保证，我手上还有一把订单呢！"这话无疑强化和支持了本方主谈人讲话的力量。

案例二： 买卖双方就买卖机床的价格问题进行谈判。买方的主谈人说："如果你们实在要坚持这个价格，我们只好不买了。"而这时他的一个辅谈人立即以提醒的口吻说道："这不行啊，厂里正等着用呢！"显然，这样的做法大大削弱了主谈人的讲话力量。

从案例中可以看出谈判人员之间的协调是非常重要的。当然一个成功的谈判还必须要求谈判人员具备各种不同的知识。团队的综合能力如何，也在一定程度上决定了成功与否。因此，一个好的谈判队伍的组建很关键。

二、知识准备

（一）谈判班子的规模

国内外谈判专家普遍认为，一个谈判班子的理想规模以4—6人为宜。原因归结为：

（1）谈判班子的工作效率高；

（2）具有最佳的管理幅度；

（3）满足谈判所需的知识范围；

（4）便于谈判班子成员的调换。

（二）谈判人员的配备

在这个群体内部，每位成员都有自己分工明确的职责。

1. 首席代表。

首席代表指对谈判负领导责任的高层次谈判人员，他们在谈判中的主要任务是谈判组织的工作，这就决定了他们除具备一般谈判人员必要的素养外，还应阅历丰富、目光远大，具有审时度势、随机应变、当机立断的能力，具有善于控制与协调谈判小组成员的能力。都应该是富有经验的谈判高手。其主要职责是：

（1）监督谈判程序；

（2）掌握谈判进程；

（3）听取专业人员的建议、说明；

（4）协调谈判班子成员的意见；

（5）决定谈判过程中的重要事项；

（6）代表单位签约；

（7）汇报谈判工作。

2. 专业人员。

专业人员是谈判组织的主要成员之一。其基本职责是：

（1）阐明己方参加谈判的愿望、条件；

（2）弄清对方的意图、条件；

（3）找出双方的分歧或差距；

（4）同对方进行专业细节方面的磋商；

（5）修改草拟谈判文书的有关条款；

（6）向首席代表提出解决专业问题的建议；

（7）为最后决策提供专业方面的论证。

3. 经济人员。

经济人员又称商务人员，是谈判组织中的重要成员。其具体职责是：

（1）掌握该项谈判总的财务情况；

（2）了解谈判对手在项目利益方面预期的指标；

（3）分析、计算修改中的谈判方案所带来的收益变动；

（4）为首席代表提供财务方面的意见、建议；

（5）在正式签约前提供合同或协议的财务分析表。

4. 法律人员。

法律人员是重要谈判项目的必然成员，如果谈判小组中有一位精通法律的成员，将会非常有利于谈判所涉及的法律问题的顺利解决。其主要职责是：

（1）确认谈判对方经济组织的法人地位；

（2）监督谈判在法律许可范围内进行；

（3）检查法律文件的准确性和完整性。

5. 翻译人员。

翻译人员在谈判中占有特殊的地位，他们常常是谈判双方进行沟通的桥梁。翻译的职责在于准确地传递谈判双方的意见、立场和态度。一个出色的翻译人员，不仅应起到语言沟通的作用，而且必须洞察对方的心理和发言的实质，既能改变谈判气氛，又能补救谈判失误，增进谈判双方的了解、合作和友谊。

在谈判双方都具有运用对方语言进行交流能力的情况下，是否还需配备翻译人员呢？现实谈判中往往是配备的。因为利用翻译复述谈判内容的时间，可以密切观察对方的反应，迅速捕捉信息，考虑对付对方的战术。

6. 记录人员。

记录人员在谈判中也是必不可少的，一份完整的谈判记录既是一份重要的资料，也是进一步谈判的依据。为了出色地完成谈判的记录工作，要求记录人员要有熟练的文字记录能力，并具有一定的专业基础知识。其具体职责是准确、完整、及时地记录谈判内容。

（三）谈判班子成员的分工与合作

一场成功的谈判往往可以归结为谈判人员所具有的扎实的专业技能和良好的个人素质，然而单凭个别人高超的谈判技巧并不能保证谈判获得预期的结果，还需谈判班子人员的功能互补与合作。就好像一场高水准的交响音乐会，其最终赢得观众雷鸣般的掌声离不开每位演奏家的精湛技艺与和谐配合。

如何才能使谈判班子成员分工合理、配合默契呢？

具体来讲，就是要确定不同情况下的主谈人与辅谈人、他们的位置与职责以及他们之间的配合关系。

所谓主谈人，是指在谈判的某一阶段或针对某一个或几个方面的议题，以其为主进行发言，阐述己方的立场和观点的人。这时其他人处于辅助的位置，称为辅谈人。一般来讲，谈判班子中应有一名技术主谈，一名商务主谈。主谈人作为谈判班子的灵魂，应具有上下沟通的能力，有较强的判断、归纳和决断能力，必须能够把握谈判方向和进程，设计规避风险的方法，必须能领导下属齐心合作，群策群力，突破僵局，达到既定的目标。

确定主谈人和辅谈人，以及他们之间的配合很重要（见图 7－1）。主谈人一旦确定，本方的意见、观点都由他来表达，从一个口子对外，避免各吹各的调。在主谈人发言时，自始至终都应得到本方其他人员的支持。比如，口头上的附和“正确”“没错”“正是这样”等。有时在姿态上也可以做出赞同的姿势，如眼睛看着本方主谈人不住地点头等，辅谈人的这种附和对主谈人的发言是一个有力的支持，会大大加强他说话的力量和可信度。如果己方主谈人在讲话时，其他成员东张西望、心不在焉，或者坐立不安、交头接耳，就会削弱己方主谈人在对方心目中的分量，影响对方的理解。

有配合就有分工，合理的分工很重要。

1. 洽谈技术条款时的分工。

在洽谈合同技术条款时，专业技术人员处于主谈的地位，相应的经济人员、法律人员则处于辅谈人的地位。技术主谈人要对合同技术条款的完整性、准确性负责。在谈判时，对技术主谈人来讲，除了要把主要的注意力和精力放在有关技术方面的问题上外，还必须放眼谈判的全局，从全局的角度来考虑技术问题，要尽可能地为后面的商务条款和法律条款的谈判创造条件。对商务人员和法律人员来讲，他们的主要任务是从商务和法律的角度向技术主谈人提供咨询意见，并适时地回答对方涉及商务和法律方面的问题，支持技术主谈人的意见和观点。

图7－1

2. 洽谈商务条款时的分工。

很显然，在洽谈合同的商务条款时，商务人员、经济人员应处于主谈人的地位，而技术人员与法律人员则处于辅谈人的地位。合同的商务条款在许多方面是以技术条款为基础的，或者是与之紧密联系的。因此在谈判时，需要技术人员给予密切的配合，从技术角度给予商务人员以有力的支持。比如，在设备买卖谈判中，商务人员提出了某个报价，这个报价是否能够站得住脚，首先取决于该设备的技术水平。对卖方来讲，如果卖方的技术人员能以充分的证据证明该设备在技术上是先进的、一流水平的，即使报价比较高，也是顺理成章、理所应当的。而对买方来讲，如果买方的技术人员能提出该设备与其他厂商的设备相比在技术方面存在的不足，就可能动摇卖方报价的基础，为本方谈判人员的还价提供依据。

（四）谈判人员的素质

1. 气质性格方面。

谈判人员应具备适应谈判的良好气质和性格。有些性格特征是不利于谈判的。例如，性格内向、孤僻多疑、不善表达、冷漠刻板、急躁粗暴、惟我独尊、嫉妒心强、心胸狭窄等。良好的气质性格应具备以下特征：大方而不轻佻、爽快而不急躁、坚强而不固执、果断而不草率、自重而不自傲、谦虚而不虚伪、活泼而不轻浮、严肃而不呆板、谨慎而不拘谨、老练但不世故、幽默但不庸俗、热情但不多情。

2. 心理素质方面。

在谈判过程中会遇到各种阻力和对抗，也会发生许多突变，谈判人员只有具备良好的心理素质，才能承受住各种压力和挑战，取得最后的成功。

谈判人员应具备的良好心理主要有以下几个方面。

（1）自信心。自信心是谈判者最重要的心理素质。具备自信心意味着谈判者相信自己企业的实力和优势，相信集体的智慧和力量，相信谈判双方的合作意愿和光明前景。自信心的获得是建立在充分调查研究的基础上，建立在对谈判双方实力的科学分析的基础上，而不是盲目的自信，更不是藐视对方、轻视困难。

（2）自制力。谈判过程中双方难免会由于利益的冲突而形成紧张、对立、僵持、争执的局面。如果谈判者自制力差，出现过分的情绪波动，就会破坏良好的谈判气氛，造成自己举止失态、表达不当，使谈判不能进行下去，或者草草收场，败下阵来。谈判者具备良好的自制力，在谈判顺利时才不会盲目乐观、喜形于色；遇到困难时也不会灰心丧气、怨天尤人；在遇到不礼貌的言行时，也能够克制自己不发脾气。

（3）懂得尊重。在谈判中只有互相尊重，平等相待，才可能保证合作成功。所以谈判者首先要有自尊心，维护己方的尊严和利益，面对强大的对手不妄自菲薄，更不会出卖尊严换取交易。同时谈判者还要尊重对方的利益、意见、习惯和正当权利。

（4）坦诚的态度。坦诚的谈判者善于坦率地表明自己的立场和观点，真诚地与对方合作赢得对方的了解和信任。虽然谈判双方都有自己的机密和对策，但是谈判的前提是双方都有合作的愿望。开诚布公、真诚待人的态度是化解双方分歧的重要因素。

（5）能够承受压力。谈判是一个较量的过程，双方都将面对各方面的压力，所以要有相当高的心理承受能力。尤其是面对拖延、时间紧张、失败的时候更是如此。

3. 思想意识方面。

（1）政治思想素质。必须忠于职守，遵纪守法，廉洁奉公，维护国家，忠于祖国，正确处理好国家、企业和个人三者的利益。

（2）讲究信誉。注意维护企业和个人的信誉形象，诚信待人。

（3）合作的思想。互惠互利是谈判的原则，善于借助一切可借助的力量实现自身利益，善于将竞争与合作有机统一起来。

（4）团队意识。谈判组织成员之间应该团结一致、齐心协力。集体的利益高于个人的利益。

（5）效率意识。谈判者应力争花最少的时间和精力取得最好的谈判结果。

4. 知识方面。

谈判人员应该具有各方面的知识，如商务知识、技术知识和人文知识等。因为有时谈判并不局限于商务、技术和法律等方面的内容，可能还涉及其他方面。

5. 身体素质。

谈判是既消耗体力又消耗脑力的活动，没有健康的身体很难胜任谈判工作。根据这一要求，选择谈判人员时应考虑适当的年龄跨度，应有充沛的精力，一般在35—55岁，思路敏捷，精力旺盛，已积累了一定的专业经验，事业心、责任心和进取心也较强。当然，由于谈判内容、谈判要求的不同，年龄结构可适当灵活掌握。

以上为谈判人员在素质方面应具备的条件，一名具有良好素质的谈判人员，是谈判取得成功的基石。

（五）谈判人员具备的能力

1. 敏锐的洞察力。

谈判人员在谈判的过程中应该注意观察对方的行为，从而发现对方的想法。一般就手势来说，张开双手表示接纳；紧握双拳意味着防范；当对方的手使劲握着桌边，证明你的观点击中其要害，或表明你的观点将遭到攻击。就面部表情来说，如嘴唇紧闭、眉角下垂、瞪大眼睛盯着你，则表明对方充满敌意并且极具攻击性；若眼睛突然往下看，脸部转向旁边，多表明拒绝或厌烦你的讲话。需要指出的是，判断言行举止是一个十分复杂的问题，要结合当时的具体情况作综合判断。因此需要谈判人员自身具有敏锐的洞察力，单凭经验判断可能会得出错误的结论。

2. 独立自主地处理问题的能力。

遇事沉着冷静，不动怒，不发火，不感情用事。要有随时与谈判伙伴协调配合的本领。谈判小组是由个人组成的集体，因此既要表达自己，又要通过自己表达集体，这种能力十分必要。谈判风云变幻，可能出现各种意想不到的事情，要求谈判人员处变不惊，沉着冷静，具有大将风度，这样才能妥善、理智地处理好问题。感情用事将使谈判人员做出不合理的决策，也给对方以可乘之机。

3. 坚定不移的毅力和忍耐力。

讨价还价、磋商活动也是毅力和耐力的拉锯战，百折不挠的精神及不达目的决不罢休的自信心和决心将使己方的利益得到最大的保证。一般刚强型的谈判人员具有这种个性，他们在取得谈判经验后发挥会越来越好。

4. 社交能力和表达能力。

谈判实质上是人与人之间思想观念、意愿感情的交流过程，是重要的社交活动。谈判人员应该善于与不同的人打交道，也要善于应对各种社交场合。这就要求谈判人员塑造良好的个人形象，掌握各种社交技巧，熟悉各种社交礼仪知识，有较强的文字表达和口语表达能力。要精通与谈判相关的各种公文、协议合同、报告书的写作，掌握计算机操作，同时要善于言谈、口齿清晰、思维敏捷、措辞周全，善于驾驭语言，有理、有节地表达己方观点。在涉外商务谈判中还要熟练掌握外语的听、说、写、译能力。

要善于了解不同国籍谈判人员的特点，掌握他们在谈判风格上的差别及宗教信仰方面的异同，针对不同情况与谈判对手谈判。谈判经常会出现低潮或僵局，而谈判人员风趣幽默的言谈能淡化僵局、缓和气氛，使谈判顺利进行。

5. 逻辑思维和判断能力。

谈判人员宜思路开阔敏捷，判断力强，决策果断。对方往往会用许多细枝末节的问题来纠缠，而把主要的或重要的问题掩盖起来，或故意混淆事物之间的前后、因果关系。作为谈判人员应具备抓住事物主要矛盾的能力。同时要思路开阔，不要为某一事物或某一方面所局限，要从多个方面去考虑问题。

提高这方面的能力要善于倾听对方的意见并把握对方的意图。谈判是双方相互交换意见。但有些人思维敏捷，冲动性强，往往对方的话刚说一半，他就自以为领会了对方的意思，迫不及待地发表自己的意见，这是不可取的——不但容易误解对方，还会给对方提供可乘之机。

6. 组织、应变的能力。

谈判是一项需要密切配合的集体活动，每个成员都要在组织中发挥出自己的特殊作用。所以谈判人员要有组织、协调的能力，分清主次，抓住重点，合理掌握时间，才能发挥出最强的战斗力。谈判中会发生各种突发事件和变化，谈判人员面对突变的形势，要有冷静的头脑、正确的分析、迅速的决断，善于将原则性和灵活性有机结合，机敏地处理好各种矛盾，变被动为主动，变不利为有利。

7. 创新能力。

谈判人员还要具备丰富的想像力和不懈的创造力，勇于开拓创新，拓展商务谈判的新思路、新模式，创造性地提出新的谈判方法和思路。

总之，合格的谈判人员必定具备上述的多种素质和能力。

阅读：商务谈判的要点

三、任务演练

1. 将全班的同学划分为若干小组，小组规模为4人（技术人员、翻译人员、记录员、主谈人）。

2. 组团的时候应注意小组成员在知识、性格、技能方面的互补性。

3. 选举小组长以协调小组的各项工作。

4. 由于商务谈判模拟实验的很多环节需要小组成员共同完成，因而无特殊原因，中途不允许组员变动。小组成绩将作为每位组员的实验成绩。

5. 要注意实验态度，着装和行为的规范性，小组成员之间的协调配合；要注意实验报告格式的规范性、内容的完整性、问题分析的透彻性、原因解释的合理性、实验总结的中肯性等。

6. 为方便合理地组队，应对每个学生进行谈判心理测试。测试内容如下：

你是哪一种谈判者？

（1）你让秘书晚上加班两个小时完成工作，可她说她晚上有事。

黑桃：这是她自己的问题，她自己想办法解决。你是她的上司，她没有权力讨价还价。

红桃：那就算了，你自己加班把工作做完，反正你算明白了，谁都不能指望。

方片：你询问她有什么要紧事，她说她的孩子独自在家。于是你建议说你愿意给她介绍一个临时保姆，费用由你来出。

梅花：你退了一步，让她加班一个小时，而不是两个。

（2）你在和上司谈加薪问题。

方片：你先陈述自己的业绩，然后把自己真实期望的薪水数目说出来。

黑桃：你强硬地说出一个数目，如果他不答应，你就准备辞职。

梅花：你提出一个很高的数目，然后准备被他砍下一半——那才是你真实期望的数字。

红桃：你等他说出数目，因为你实在不愿张口。

（3）多年来你一直在老公/老婆的父母家度过除夕夜。

红桃：你觉得很委屈，可有什么办法？

梅花：好吧，但大年初二或初三他/她一定要陪你回你的父母家。

方片：你利用春节假期安排了一次国外旅行，这样一来，他/她就无法要求你回他父母家过除夕了。

黑桃：你整个除夕晚上都闷闷不乐。

（4）忙了整整一个星期，你终于可以在周末好好休息了，可这时朋友建议你们一起去跳舞。

红桃：她难得想跳舞，你不愿意让她失望。

黑桃：反正你不会去，她愿意去的话就自己去。

梅花：你建议把跳舞改成聚餐。

方片：你说你很疲倦也很抱歉，然后建议下个星期再一起去跳舞。

（5）你5岁的侄子总让你给他买这买那，这次他想要个小摩托车。

梅花：你说你最多给他买辆儿童自行车。
黑桃：你断然拒绝，没什么可商量的。
红桃：你让步了，这样他就不会再缠着你了。
方片：好吧，但他应该先去学驾驶。
(6) 你的家人拒绝和你分担刷碗的家务。
方片：你耐心地解释说你希望他分担一些家务。
梅花：如果他一周能刷一次碗，你就很满意了。
红桃：他不愿意就算了，还是由你自己来刷。
黑桃：你不能容忍一个不做家务的人，要不他答应，要不就翻脸。
(7) 你在餐厅用餐，邻座的客人在吸烟，烟都飘到了你这边。
黑桃：你大声提出抗议："现在的人怎么都这么不自觉!"
方片：你微笑着对他解释说烟味呛到你了。
梅花：你请求侍者给你换张桌子。
红桃：你默默忍受着。可一晚上都不开心。
(8) 凌晨三点，你的邻居家里还在开派对。
红桃：你用棉球把耳朵塞住。
黑桃：你打电话报警。
方片：你马上去他家敲门，说你需要睡眠。
梅花：你也去加入他们的派对。
(9) 和朋友从电影院走出来，他想吃泰餐，而你想吃日本菜。
梅花：今晚吃日本菜，下次吃泰餐。
黑桃：就吃日本菜，否则就各自回家！
红桃：好吧，那就吃泰餐吧，如果他真的这么想吃。
方片：既然你们都想去异国情调的餐厅那不如去吃印度餐。
(10) 你约一个朋友一起看服装秀。演出已经开始了，她还没有到。
梅花：你自己进去看。
黑桃：你把她的票卖掉了，这能给她一个教训。
方片：你不停给她的手机打电话询问她到哪里了。
红桃：你一直等着她。
(11) 你的同事在会议上吸烟。
红桃：你什么也没说，因为担心他会记恨你。
黑桃：你对他说他至少应该学会尊重别人。
梅花：你对他说应该尽量少吸一些烟，这对他的健康有好处。
方片：你建议休息一会，让想吸烟的人吸一支。
(12) 你新买的洗衣机坏了……
梅花：你气愤地打电话给厂家，要求退货或折扣。
红桃：你自责是不是自己没有按照程序操作。
方片：你给"消费者协会"写信，状告厂家。
黑桃：你去售后服务部大吵大闹。

【测试结论】

方片最多：

你是具有合作态度的谈判者。

你认为在所有的人际关系中，冲突是不可避免的。你知道如何控制自己的情绪，面对对方的提议表示尊重，尽量避免争吵、个人攻击和威胁。你的倾听和善解人意是实现你自己目的的最有力手段。

你的目的：找到乐观的、让大家都满意的解决方案。

结果：你能找到最佳途径，既解决了问题，又多交了朋友。

梅花最多：

你是一个妥协派的谈判者。

你认为只要事情能够得到解决，双方都应该做出让步，就像在市场上讨价还价的时候，只能谋取一个中间数值。根据谈判对方的性格特点，你轮番使用胡萝卜和大棒：有的时候强硬，有的时候和解。

你的目的：在双方利益的中间找到一个妥协点，有时更靠近你的，有时更靠近他的。

结果：这个方法可以帮助你解决一个问题，但无法从根本上解决。其结果很可能是你和对方都不满意，你们都没有达到自己的目的，只是找到了一个可怜的妥协办法而已。

黑桃最多：

你是个控制型谈判者。

你喜欢飞舞的盘子和摔得啪啪响的门，或者说，你喜欢赢！对你来说，一切谈判都是力量的较量，只有坚持到底才能获胜。你一定要求对方让步，拒绝听新的建议。为了维护自己的利益，你不惜使用威胁和暴力。

你的目的：在力量的较量中取胜。

结果：当然，你有的时候会赢，可更多的时候，你的态度会使你的谈判者更加抵制，并在未来长时间里与你对抗。

红桃最多：

你是个顺从型的谈判者。

你实在太好说话了，在所有的谈判中你都会让步，因为你害怕冲突，愿意让对方满意，维持你们的关系。为此你不惜牺牲自己的利益，忽视自己的意愿，在心中默默咀嚼失望和苦涩。

你的目的：不要让对方发怒，只要满足了他的条件，你就能获得安宁。

结果：不仅你自己感到郁闷，对方也会进一步提出条件，而不是像你设想的那样感激你的善良。

四、能力拓展

判断下列谈判人员的行为语言（见图7－2）分别表示什么态度。

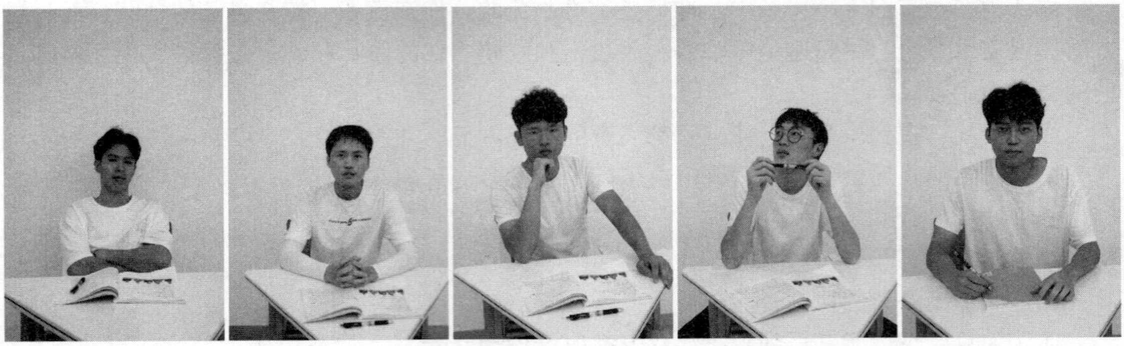

a　　b　　c　　d　　e

图7－2　谈判人员行为语言

阅读：价格谈判中的策略技巧

学习子情景二　谈判方案的制订

一、知识导入

商务谈判方案的写作格式

小知识

（1）标题。

一般为：事由和文种。如《关于进口VCD的谈判方案》《与日本××商社洽谈商品的方案》。

（2）主体。包括以下两项内容：

①前言。写明谈判的总体构想、原则，说明谈判内容或谈判对象的情况。

②具体条款。包括谈判主题、谈判目标、谈判程序、谈判组织等条款。

（3）落款。

二、知识准备

（一）商务谈判的背景调查

通过商务谈判背景的介绍，使学生能够对谈判者自身情况进行分析，熟悉谈判对手情况，并能完成背景调查报告的任务。

1. 对谈判环境因素的分析。

谈判是在一定的法律制度和某一特定的政治、经济、文化影响下的社会环境中进行的。它们会直接、间接地影响谈判。

谈判，特别是涉外商务谈判的环境因素包括谈判时所有客观因素，如政治法律、社会文化、经济建设、自然资源、基础设施、气候条件与地理位置等。

英国谈判专家马什在其所著的《合同谈判手册》中将与谈判有关的环境因素概括为以下几类：

（1）政治状况。①国家对企业的管理程度，涉及企业自主权的大小。②经济的运行机制。如是计划体制，要看企业之间的交易买卖有多少列入国家计划，有没有争取到计划指标。在市场经济条件下，企业自主权较多，可以全权决定交易的取舍。③对方当局政府的稳定性。④政府与买卖双方之间的政治关系。阿拉伯国家有时拒绝同与以色列有政治经济关系的国家及其企业进行商业交易。

（2）宗教信仰。了解该国占主导地位的宗教信仰是什么。在某些国家，宗教影响很大，法律制度是根据宗教教义来制定的，人们行为是否被认可，要看是否符合这个宗教精神。

（3）法律制度。应了解该国法律制度如何，法律的执行程度，甚至法院受理案件的时间长短等。

（4）商业做法。企业决策的程序如何？是否做任何事情都见诸文字？律师的作用如何？有没有工业间谍活动？在工作中是否有贿赂现象？如有，方式如何？甚至有些国家是不行贿不成交易的。我们不赞成靠行贿来做生意，但是我们必须了解这些方面的情况。

（5）社会习俗。①衣着、称呼方面，什么才是合乎规范的标准？②是否只能在工作时间谈业务？在业余时间是否也可谈业务？③社交场合中是否应该带妻子？是不是所有的款待、娱乐活动都在饭店、俱乐部等地进行？④送礼的方式、礼品的内容有什么要求？⑤在大庭广众之下，人们是否愿意接受别人的批评？人们是如何看待荣誉、名声等问题的？这涉及双方意见交流的方式和策略。⑥妇女是否参与经营业务？如参与，是否与男子具有同等的权利？

（6）基础设施与后勤供应系统。①该国的人力资源情况如何？包括劳动力数量和质量。②该国的邮电通讯、交通运输状况如何？

2. 对谈判对手的调查。

对谈判对手的调查是谈判准备工作中最关键的一环，如果同一个事先未做任何了解的对手谈判，会遇到极大的困难，也会有很大的风险。谈判对手的情况复杂多样，主要应调查分析对方的客商身份，对方的资信情况，对方的资本、信用及履约能力，参加谈判人员的权限和谈判目的等情况。

（1）客商身份的调查。首先应该对谈判对手属于哪一类客商了解清楚，避免错误估计对方，使自己判断失误甚至受骗上当。

对方如果是在世界上享有一定声望和信誉的公司，会要求我方提供准确、完整的各种数据、令人信服的信誉证明。谈判前应做好充分准备，谈判中要运用较高超的谈判技巧，要有充足的自信心，不能为迎合对方条件而损害自己的根本利益。这类公司是很好的贸易伙伴。

对待享有一定知名度的国外客商，要看到对方比较讲信誉，占领我国市场的愿望比较迫切，技术服务和培训工作比较好，对我方在技术和合作生产方面的条件比较易于接受。他们亦是较好的贸易伙伴。

对待没有任何知名度的国外客商，只要确认其身份地位，深入了解其资产、技术、产品、服务等方面的情况，也会成为我们很好的合作伙伴。因为其知名度不高，条件不会太苛刻，他们也希望多与中国合作提高其知名度。

对待专门从事交易中介的客商，要认清他们所介绍的客商的资信地位，防止他们打着中介的旗号欺骗。

对待“借树乘凉”的客商，不要被其母公司的光环所迷惑，对其应持慎重态度。如果是子公司，要求其出示其母公司准予其以母公司的名义洽谈业务，并承担子公司一切风险的授权书。母公司拥有的资产、商誉并不意味着子公司也如此，要警惕子公司打着母公司招牌虚报资产的现象。如果是分公司，它不具备独立的法人资格，公司资产属于母公司，它无权独自签约。

对待各种客商，我们一定要调查清楚其真实面目，谨防上当，尤其不要被对方虚假的招牌、优惠的条件、给个人的好处所迷惑，使自己误入圈套。

（2）谈判对手的资信调查。对谈判对手进行资信状况的调查研究，是谈判前准备工作中极其重要的一步。缺少必要的资信状况分析，谈判对手主体资格不合格或不具备与合同要求基本相当的履约能力，所签订的协议就是无效协议或者是没有履行保障的协议，谈判者将前功尽弃，蒙受巨大损失。

对谈判对手资信情况的调查包括两方面的内容：一是对方主体的合法资格；二是对方的资本信用与履约能力。

①对客商合法资格的审查。作为参加商务谈判的企业组织必须具有法人资格。审查对方法人资格时，可以要求对方提供有关证明。还要弄清对方法人的组织性质，是有限公司还是无限责任公司，是母公司还是子公司或分公司；以及确定其法人的国籍，即其应受哪一国家法律管辖。对于对方提供的证明文件要通过一定的手段和途径进行验证。对客商合法资格的审查还应包括对前来谈判的客商的代表资格或签约资格进行审查。

②对谈判对手资本、信用及履约能力的审查。对谈判对手资本的审查主要是审查对方的注册资本、资产负债表、收支状况、销售状况、资金状况等有关事件。对谈判对手商业信誉及履约能力的审查，主要是调查该公司的经营历史、经营作风、产品的市场声誉与金融机构的财务状况，以及在以往的商务活动中是否具有良好的商业信誉。

③了解对方谈判人员的权限。谈判的一个重要法则是不与没有决策权的人谈判。要弄清对方谈判人员的权限有多大，对谈判获得多少实质性的结果有重要影响。不了解谈判对手的权力范围，将没有足够决策权的人作为谈判对象，不仅浪费时间，甚至可能会错过更好的交易机会。

④了解对方的谈判时限。谈判时限与谈判任务量、谈判策略、谈判结果都有重要关系。

谈判者需要在一定的时间内完成特定的谈判任务，可供谈判的时间长短与谈判者的技能发挥状况成正比。时间越短，对谈判者而言，用以完成谈判任务的选择机会就越少，哪一方可供谈判的时间越长，他就拥有较大的主动权。了解对方的谈判时限，就可以了解对方在谈判中会采取何种态度、何种策略，我方就可制订相应的策略。因此，要注意搜集对手的谈判时限信息，辨别表面现象和真实意图，做到心中有数，针对对方的谈判时限制定谈判策略。

⑤了解对方谈判人员的其他情况。要从多方面搜集对方信息，以便全面掌握谈判对手。比如，谈判对手谈判班子的组成情况，即主谈人背景、谈判班子内部的相互关系、谈判班子成员的个人情况，包括谈判成员的资历、能力、信念、性格、心理类型、个人作风、爱好与禁忌等；谈判对手的谈判目标，所追求的中心利益和特殊利益；谈判对手对己方的信任程度，包括对己方经营与财务状况、付款能力、谈判能力等多种因素的评价和信任程度等。

3. 对谈判者自身的了解。

在谈判前的准备工作中，不仅要调查分析客观环境和谈判对手的情况，还应该正确了解和评估谈判者自身的状况。“欲胜人者，必先自胜；欲论人者，必先自论；欲知人者，必先自知。”没有对自身的客观评估，就不能客观地认定对方的实力。孟子说过：“知人者智，自知者明。”谈判者一定要有自知之明。但是自我评估很容易出现两种偏向：一是过高估计自身的实力，看不到自身的弱点；二是过低评估自身的实力，看不到自身的优势。自我评估首先要看到自身所具备的实力和优势，同时要客观地分析自己的需要和实现需要所缺欠的优势条件。

（1）谈判信心的确立。谈判信心来自对自己实力以及优势的了解，也来自谈判准备工作做得充分。谈判者应该了解自己是否准备好足够的依据，是否对可能遇到的困难有充分的思想准备，一旦谈判破裂是否会找到新的途径实现自己的目标。如果对谈判成功缺乏足够的信心，是否需要寻找足够的信心确立条件，或者需要修正原有的谈判目标和方案。

（2）自我需要的认定。满足需要是谈判的目的，清楚自我需要的各方面情况，才能制订出切实可行的谈判目标和谈判策略。谈判者应该认定以下几个问题：

①希望借助谈判满足己方哪些需要。比如，作为谈判中的买方，应该仔细分析自己到底需要什么样的产品和服务，需要多少？要求达到怎样的质量标准？价格可以出到多少？必须在什么时间内购买？供方必须满足买方哪些条件等；作为谈判中的卖方，应该仔细分析自己愿意向对方出售哪些产品？是配套产品还是拆零产品？卖出价格的底限是多少？买方的支付方式和时间如何等。

②各种需要的满足程度。己方的需要是多种多样的，各种需要的重要程度并不一样。要搞清楚哪些需要必须得到全部满足；哪些需要可以降低要求；哪些需要在必要情况下可以不考虑，这样才能抓住谈判中的主要矛盾，保护己方的根本利益。

③需要满足的可替代性。需要满足的可替代性大，谈判中己方的回旋余地就大；如果需要满足的可替代性很小，那么谈判中己方讨价还价的余地就很小，当然很难得到预期结果。需要满足的可替代性包含两方面内容：一是谈判对手的可选择性有多大。有些谈判者对谈判对手的依赖性很强，就会使己方陷入被动局面，常常被迫屈从于对方的条件。分析谈判对手可选择思考这样一些问题：如果不和他谈，是否还有其他的可选择对象？是否可以在将来再与该对手谈判？如果与其他对手谈判可得到的收益和损失是什么？只有弄清这些问题，才有助于增强自己的谈判力。二是谈判内容可替代性的大小。例如，如果价格需要不能得到满

足，是否可以用供货方式、提供服务等需要的满足来替代呢？眼前需要满足不了，是否可以用长期合作的需要满足来替代？这种替代的可能性大小，要通过认真权衡利弊的评价来确定。

④满足对方需要的能力鉴定。谈判者不仅要了解自己要从对方得到哪些需要的满足，还必须了解自己能满足对方哪些需要，满足对方需要的能力有多大，在众多的提供同类产品或服务的竞争对手中，自己具有哪些优势，占据什么样的竞争地位。满足自身的需要是参加谈判的目的，满足他人需要的能力是谈判者参与谈判，与对方合作交易的资本。谈判者应该分析自己的实力，认清自己到底能满足对方哪些需要，如出售商品的数量、期限、技术服务等等。如果谈判者具有其他企业所没有的满足需要的能力，或是谈判者能够比其他企业更好地满足某种需要，那么谈判者就拥有更多的与对方讨价还价的优势。

4. 背景调查的信息渠道（见图7－3）。

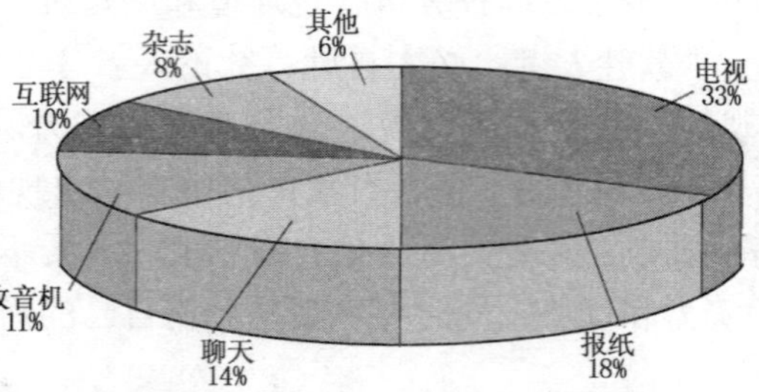

发放问卷8000份	有效回收5302份	回收率66.28%

美国全球市场调查公司

图7－3　获得信息的主要途径调查

（1）印刷媒体。印刷媒体主要通过报纸、杂志、内部刊物和专业书籍中登载的消息、图表、数字和照片来获取信息。这个渠道可提供比较丰富的各种环境信息、竞争对手信息和市场行情信息。谈判者可以通过这些渠道获得比较详细而准确的综合信息。

（2）网络。网络是21世纪非常重要的获取资料的渠道。在网络上可以非常方便快捷地查阅国内外公司信息、产品信息、市场信息以及其他多种信息。

（3）电波媒介。电波媒介即通过广播、电视播发的有关新闻资料，如政治新闻、经济动态、市场行情、广告等。其优点是迅速、准确、现场感强，缺点是信息转瞬即逝，不易保存。

（4）统计资料。统计资料主要包括各国政府或国际组织的各类统计年鉴，也包括各银行组织、国际信息咨询公司、各大企业的统计数据和各类报表，特点是材料详尽，可提供大量原始数据。

（5）各种会议。通过参加各种商品交易会、展览会、订货会、企业界联谊会、经济组织专题研讨会来获取资料。特点是信息非常新鲜，要善于从中捕捉有价值的东西。

（6）各种专门机构。各种专门机构包括商务部、中国国际贸易促进委员会、各类银行、进出口公司、本公司在国外的办事处及分公司、驻各国的大使馆等。

（7）知情人士。例如各类记者、公司的商务代理人、当地的华人华侨、驻外使馆人员、留学生等。

5. 背景调查的方法。

（1）访谈法。调查者直接面对访问对象进行问答，包括个别对象采访，也包括召集多人举行座谈（见图7－4）。在访谈之前，应准备好一份调查提纲，有针对性地设计一些问题。访谈对象回答问题可录音或记录，以便事后整理分析。这种方法的特点是可以有针对性地抽样选择访谈对象，可以直接感受到对方的态度、心情和表述。

图7－4　访谈法

（2）问卷法。调查者事先印刷好问卷，发放给相关人士，填写好以后收集上来进行分析。问卷的设计要讲究科学性和针对性，既有封闭式问题又要有开放式问题。这种方法的特点是可以广泛收集相关信息，利于实现调查者的主导意向，易于整理分析，难点在于如何调动被调查者填写问卷的积极性以及保证填写内容的真实性。

（3）文献法。文献法是用于收集第二手资料的方法。可以从公开出版的报纸、杂志、书籍中收集，也可以从未公开的各种资料、文件、报告中收集。文献法的特点是可以收集到比较权威比较准确的信息，但是要注意信息是否陈旧、过时。

（4）电子媒体收集法。电子媒体指电话、电脑、电视、广播等媒体。通过电子媒体收集信息有许多优点，它传播速度快，可以及时获取最新信息；它传播范围广，可以毫不费力地收集到各个国家的重要信息；它表现力生动，电脑、电视媒体，可以提供声音、图像、文件，提供真实的现场情景，尤其是电脑储存的信息相当丰富。

（5）观察法。观察法是指调查者亲临调查现场收集事物及情景的动态信息。这种方法可以补充以上几种方法的不足。通过亲自观察得到最为真实可靠的信息。但是这种方法也有局限性，例如受交通条件限制有些现场不能亲自去观察，受观察者自身条件限制，观察难免不全面，也难免受主观意识的影响而带有偏见。

（6）实验法。实验法即对调研内容进行现场实验的方法。如商品试销、试购，谈判模拟等。这种方法比观察法又进一步，可以发现一些在静态时不易发觉的新信息。

6. 资料的加工整理。

（1）要将收集的资料进行鉴别和分析，剔除某些不真实的信息、某些不能有足够证据证明的信息、某些带有较多主观臆断色彩的信息，保存那些可靠的、有可比性的信息，避免造成错误的判断和决策。

（2）要在已经证明资料可靠性的基础上将资料进行归纳和分类。将原始资料按时间顺序、问题性质、反映问题角度等要求分门别类地排列成序，以便于更明确地反映问题的各个侧面和整体面貌。

（3）将整理好的资料做认真的研究分析，从表面的现象探求其内在本质，由此问题逻辑推理到彼问题，由感性认识上升到理性认识，然后提出有重要意义的问题。

（4）对提出的问题作出正确的判断和结论，并对谈判决策提出有指导意义的意见，供企业领导和谈判者参考。

（5）写出背景调查报告。调查报告是调查工作的最终成果，对谈判有直接的指导作用。调查报告要有充足的事实、准确的数据，还要有对谈判工作起指导作用的初步结论。

（二）制定谈判计划

商务谈判计划主要包括谈判目标、谈判策略、谈判议程以及谈判人员的分工职责、谈判地点等内容。其中，比较重要的是谈判目标的确定、谈判策略的布置和谈判议程的安排等内容。

1. 谈判目标的确定。

谈判目标是指谈判要达到的具体目标，它指明谈判的方向和要达到的目的、企业对本次谈判的期望水平。商务谈判的目标主要是以满意的条件达成一笔交易，确定正确的谈判目标是保证谈判成功的基础。谈判的目标可以分为三个层次：

（1）最低限度目标。最低限度目标是指谈判中对己方而言毫无退让余地，必须达到的最基本的目标。对己方而言，宁愿谈判破裂，放弃商贸合作项目，也不能接受比最低限度目标更低的条件。因此，也可以说最低限度目标是谈判者必须坚守的最后一道防线。

（2）可以接受的目标。可以接受的目标是谈判人员根据各种主、客观因素，经过对谈判对手的全面估价，对企业利益的全面考虑、科学论证后所确定的目标。这个目标是一个区间或范围，己方可努力争取或作出让步的范围。谈判中的讨价还价就是在争取实现可接受的目标，所以可接受的目标的实现，往往意味着谈判取得成功。

（3）最高期望目标。最高期望目标是对谈判者最有利的理想目标，实现这个目标，将最大化地满足己方利益。当然己方的最高期望目标可能是对方最不愿接受的条件，因此很难得到实现。但是确立最高期望目标是很有必要的，它激励谈判人员尽最大努力去实现高期望目标，也可以很清楚地评价出谈判最终结果与最高期望目标存在多大差距。在谈判开始时，以最高期望目标作为报价起点，有利于在讨价还价中使己方处于主动地位。

谈判目标的确定是一个非常关键的工作。首先，不能盲目乐观地将全部精力放在争取最高期望目标上，而较少考虑谈判过程中会出现的种种困难，造成束手无策的被动局面。谈判目标要有一定弹性，定出上、中、下限目标，以便谈判人员根据谈判实际情况随机应变、调整目标。其次，所谓最高期望目标不仅有一个，可能同时有几个，在这种情况下就要将各个目标进行排队，抓住最重要的目标努力实现，而其他次要目标可让步，降低要求。最后，己方最低限度目标要严格保密，除参加谈判的己方人员之外，绝对不可透露给谈判对手，这是商业机密。如果一旦疏忽大意透露出己方最低限度目标，就会使对方主动出击，使己方陷于被动。

2. 谈判策略的部署。

谈判目标明确了以后，就要拟定实现这些目标所采取的基本途径和策略。谈判策略包括多种策略，如开局策略、报价策略、磋商策略、成交策略、让步策略、打破僵局策略、进攻策略、防守策略、语言策略等等，要根据谈判过程可能出现的情况，事先有所准备，心中有数，以便在谈判中灵活运用。

3. 谈判议程的安排。

谈判议程的安排对谈判双方非常重要，议程本身就是一种谈判策略，必须高度重视这项工作。谈判议程一般要说明谈判时间的安排和谈判议题的确定。谈判议程可由一方准备，也可双方协商确定。议程包括通则议程和细则议程，前者由谈判双方共同使

阅读：以退为进谈判策略及案例分析

用，后者供己方使用。

（1）时间安排。时间安排即确定谈判在什么时间举行、多长时间、各个阶段时间如何分配、议题出现的时间顺序等。谈判时间的安排是议程中的重要环节。如果时间安排得很仓促，准备不充分，匆忙上阵，心浮气躁，就很难沉着冷静地在谈判中实施各种策略；如果时间安排得不紧凑，不仅会耗费大量的时间和精力，而且随着时间的推延，各种环境因素都会发生变化，还可能会错过一些重要的机遇。

在确定何时开始谈判、谈判计划多长时间结束时要考虑以下几个因素：①谈判准备的程度。如果已经做好参加谈判的充分准备，谈判时间安排得越早越好，而且也不怕马拉松式的长时间谈判；如果没有做好充分准备，则不宜匆匆忙忙开始谈判，不打无准备之仗。②谈判人员的身体和情绪状况。如果参加谈判的人员身体状况不太好，可以将一项长时间谈判分割成几个较短时间的阶段谈判。③市场形势的紧迫程度。如果所谈项目与市场形势密切相关，瞬息万变的市场形势不允许稳坐钓鱼台式的长时间谈判，谈判就要尽早及时。④谈判议题的需要。对于多项议题的大型谈判，不可能在短时间内解决问题，所需时间要相对长一些；对于单项议题的小型谈判，则应力争在较短时间内达成一致。

谈判过程中时间的安排要讲策略。①对于主要的议题或争执较大的焦点问题，最好安排在总谈判时间的五分之三时提出来，这样既经过一定程度的交换意见，有一定基础，又不会拖得太晚而显得仓促。②合理安排好己方各谈判人员发言的顺序和时间，尤其是关键人物关键问题的提出应选择最成熟的时机，当然也要给对方人员足够的时间表达意向和提出问题。③对于不太重要的议题和容易达成一致的议题可以放在谈判的开始阶段或即将结束阶段，把大部分时间用在关键性问题的磋商上。④己方的具体谈判期限要在谈判开始前保密，如果对方摸清己方谈判期限，就会在时间上用各种方法拖延，待到谈判期限快要临近时才开始谈正题，迫使己方为急于结束谈判而匆忙接受不理想的结果。

（2）确定谈判议题。谈判议题就是谈判双方提出和讨论的各种问题。确定谈判议题首先要明确己方要提出哪些问题，要讨论哪些问题。再把所有问题全盘进行比较和分析：哪些问题是主要议题，列入重点讨论范围；哪些问题是非重点问题；哪些问题可以忽略。这些问题之间是什么关系，在逻辑上有什么联系；还要预测对方要提出哪些问题，哪些问题是需要己方必须认真对待、全力以赴去解决的；哪些问题是可以根据情况做出让步的；哪些问题是可以不予以讨论的。

（3）通则议程与细则议程的内容。

①通则议程：通则议程是谈判双方共同遵照使用的日程安排，一般要经过双方协商同意后方能正式生效。在通则议程中，通常应确定以下内容：谈判总体时间及各分阶段时间的安排；双方谈判讨论的中心议题，尤其是第一阶段谈判的安排；列入谈判范围的各种问题，问题讨论的顺序；谈判中各种人员的安排；谈判地点及招待事宜。

②细则议程：细则议程是对己方参加谈判的策略的具体安排，只供己方人员使用，具有保密性。其内容一般包括以下几个方面：谈判中的统一口径，如发言的观点、文件资料的说明等；对谈判过程中可能出现的各种情况的对策安排；己方发言的策略：何时提出问题，提什么问题，向何人提问，谁来提问，谁来补充，谁来回答对方问题，谁来反驳对方提问，什么情况下要求暂时停止谈判等等；谈判人员更换的预先安排；己方谈判时间的策略安排和谈判时间期限等。

商务谈判执行计划示例

为了丰富我公司的产品，进一步巩固并提升市场占有率，我们公司计划引进安徽六茶道有限责任公司的六安瓜片，并与该公司建立合作关系。双方决定于本月24日在其公司进行正式的洽谈。

一、谈判主题

采用一定的策略，以适当的价格购进一批六安瓜片茶，并建立友好的长期合作关系。

二、总体目标

（一）市场占领方面建立长期的合作关系，进一步提升本公司的市场占有率。

（二）购买数量方面

1. 通过双方的谈判，在适当的价格内最多购买600kg特级瓜片、600kg精品级瓜片。

2. 最少购买500kg特级六安瓜片、500kg精品瓜片。

（三）购买价格方面

我公司的最高购买价格是：特级六安瓜片620元/500g、精品瓜片540元/500g。

分别报价为：特级六安瓜片580元/500g、精品瓜片480元/500g。

三、谈判的结构框架

采用纵向的谈判方式。

四、谈判程序和策略

为了实现我们公司的发展目标，并建立长期的合作关系，我们与安徽六茶道有限责任公司进行了积极和友好的谈判。为了更顺利地达成协议，我们通过六个阶段来实施策略：准备阶段、开局阶段、导入阶段、明示阶段、磋商阶段和协议阶段。

准备阶段：组织好本次相关的谈判人员，并了解当地的风俗和习惯，调查和分析安徽六茶道有限责任公司的运作销售情况，以及以前的交易价格。准备本次谈判的相关资料。

开局阶段：实行友好和坦诚的策略，与对方公司人员建立关系，同时，采用旁敲侧击策略了解对方销售的大致价格。

导入阶段：向对方讲解一下我们公司最新的发展情况，表明我们公司的合作意愿。并倾听对方公司的介绍，寻找有利于我们公司的信息。

明示阶段：这个阶段已经进入实质性问题的洽谈，所以要明确表示我公司的要求，提出问题，回答问题，说明公司的意图目标，努力达到自己的利益。

磋商阶段：在这个阶段我们公司为达到谈判方案制定的目标，开始进行真正对抗和实力较量，极力维护自己公司的利益。为了不伤和气，要尽量回避冲突，具体的策略视情况而定（如果陷入僵局，可以运用最后通牒策略）。

协议阶段：这个阶段是谈判取得成功后，进一步保证所得权利的阶段，所以，在这个时候是不可以放松的。一定要认真阅读合同的条款，确认后再签订合同并盖章。

五、具体日程安排

本次谈判无论成功与否，都必须抓紧时间，在三天之内结束。时间安排如下：

6月24日上午：参观安徽六茶道有限责任公司六安瓜片的生产线。

6月24日下午—6月26日上午：进行合作事议的具体谈判和磋商。

6月26日下午：无论谈判成功与否，都要返回公司，并向领导汇报具体情况。

六、谈判地点

地点定于安徽六茶道有限责任公司的茶叶生产公司会议室。

七、人员分工

采购部经理　白灵

采购部经理秘书　张娇

营销部经理　张平

茶叶鉴定专家　欧建

关于公司的相关行政事务事宜，将选派专门的人员负责各项工作。

三、任务演练

商务谈判方案制订

甲方：中国某农产品经贸公司

乙方：欧洲某公司

背景：2016年5月，甲方向乙方推销银杏，询盘后得到回音，涉外谈判即将开始。甲方派出谈判代表前，需制订一个谈判方案。请为甲方拟一份谈判方案。要求简明扼要，突出要点，能适应变化，使谈判人员便于把握。

设计人员组成：一行四人（应包括哪些人\他们的职责\分工及注意事项）。

谈判时间（选择什么时间、时机及应注意的问题）。

谈判的期限（规定最长宽限期、规定谈判日期的原因）。

谈判的地点（应注意的问题，如环境、场地、座次等）。

汇报制度及联络方式（与国内公司的联系）。

谈判内容的制订：

（1）谈判的利益目标。公司原先报价的预期利润幅度为销售总额的32%（其中，商业性开支12%，利润12%，风险4%，谈判动机4%）。在报盘有效期内，如无意外风险，拟以30.5%的利润成交。影响预期利润率的以外风险因素有：①支付方式。在出口贸易中，卖方常常会遇到一些不利的支付条件。买方提出只付5%的预付款，并要求把货款的10%放在两年以后才付，如果这样，就会造成占商业开支3%的利息损失。②交货延期罚款金。按国际惯例分析，卖方报盘中的交货期应是签约后的两个月，但买方提出签约后一个月交货，而且按每迟交一周，罚款1%；若按买方条件成交，卖方就要冒4%迟交金的风险。③保证条件。卖方提出的保证期是一年，但买方提出保证期为两年，这样一来卖方就要增加1%的费用。

根据以上条件，卖方在以上几个方面的利益目标如何指定？

对预付金额____

对对方延期付款的意见________________

对交货期________________

对保证期________________

(2) 定出最低接受目标。

价格标准——如果在报盘的有效期内成交，就可以在预期利润幅度上做出让步，利润最大减让为(　　)。

支付方式——如果不增加卖方商业费用的话，应为(　　)。

交货方式——如果不增加额外罚金的话，(　　)。

保证期——如果能保证在保证期内没有多大风险的话，(　　)。

要求：请根据以上背景材料拟定一份谈判方案。

四、能力拓展

甲方：××设备有限公司

××设备有限公司成立于1972年，现为中国××股份有限公司作为出资人的一人有限责任公司（法人独资），是集国内外冶金工程总承包、成套设备及备品备件供应、工程项目管理、工程及设备监理、机电产品设计与制造为一体，开展专业化、国际化经营的工程技术公司。公司拥有国家甲级机电设备成套、国家甲级设备监理和对外经济合作经营权等多种资质，通过了ISO9001、ISO14001和OHSAS18001认证，拥有十余项自主知识产权的技术及产品，控股、参股5家投资企业。作为中国知名的冶金工程技术公司，××设备有限公司在中国钢铁工业发展历程中做出了突出的贡献，先后承担了国内各主要大型钢铁企业的矿山、焦化、烧结、球团、高炉、转炉、电炉、连铸以及热连轧、冷连轧、炉卷轧机、中板轧机、型钢轧机、棒线材轧机及板材各种后处理线和环保能源等四百多项国家重点冶金建设项目。经过多年的发展和经验的积累，××设备有限公司已经具备了承包建设综合性钢铁联合企业的能力。2006年以来，××设备有限公司年产600万吨热轧板材钢铁联合企业工程的总承包，集中凸显了公司在冶金工程总承包领域的综合优势。公司积极开展国际化经营，从单一向海外市场提供备品备件及单机设备逐步发展到在海外承担大型冶金项目的工程总承包和成套设备的供货，已成为冶金工程领域具有影响力的工程技术公司，在海外市场享有较高声誉。近年来，公司总承包了中国在海外建设的最大级别高炉工程（土耳其30503高炉）、最大规格烧结工程（土耳其3002烧结机）、最大规格焦炉工程（土耳其2×6m×65孔焦炉、日本住友金属和歌山钢铁厂2×6m×65孔焦炉）、最大的连铸、板带热连轧工程（土耳其年产110

万吨短流程钢厂连铸、热连轧项目）等一批具有国际影响的工程项目，充分显示了公司在国际工程项目中的综合竞争实力。作为行业内具有悠久历史的机电设备集成供应和服务商，××设备公司已向许多国际著名的钢铁企业（如 Arcelor－Mittal、JFE 等）提供了长期的设备和备件供货服务，并正在为这些企业构建在中国市场的采购和服务平台，不断提升公司的服务水平，为客户创造更多的价值。2016 年公司被评定为中国对外贸易 AAA 级信用等级企业。2018 年公司被评定为中国机电进出口企业（大型成套设备）AAA 级信用企业，是中国机电商会常务理事单位。公司注重开展广泛的国际合作，和许多国际著名的工程技术公司如 SMS、VAI Siemens、DANIELI、MAN Ferrostaal、Rexroth、Uhde、ABB、Paul wurth 等建立了紧密的合作关系，发挥各自优势，共同开拓全球市场。顺应全球经济一体化、科技进步和钢铁工业的发展潮流，××设备有限公司将以"团结、务实、高效、奋进"的企业精神，坚持"合作、友谊、双赢、发展"的经营理念，真诚合作，在工程总承包、成套设备供货、单机及备品备件供应、工程管理、工程和设备监理等领域，愿为全球钢铁企业用户提供一体化的解决方案。

乙方：Taggart Global

Taggart Global designs, builds and operates state-of-the-art coal preparation plants and material handling systems world wide. Our expertise spans the areas of design, construction, commissioning, and operations, to deliver turnkey solutions for clients in the coal production, power generation, steel making, and material handling sectors. With our flexible contract services, we meet the unique project needs of clients, from engineering and procurement only (EP); to engineering, procurement, construction and management (EPCM); to build, own and operate (BOO); to build, own, operate and transfer (BOOT). Whether clients are building a new facility or material handling system, modifying an existing plant, or seeking to outsource operations, Taggart's end-to-end service capabilities provide customized and complete project solutions. Taggart's construction, electrical and international procurement divisions bring specialized expertise that ensure the delivery of projects on-time and on-budget.

根据上述材料为甲方制定一个谈判方案。

阅读：如何建立良好的谈判氛围

学习子情景三　谈判过程

一、知识导入

案例

1972 年 2 月，美国总统尼克松访华，中美双方将要展开一场具有重大历史意义的国际谈判。为了创造一种融洽和谐的谈判环境和气氛，中国方面在周恩来总理的亲自领导下，对谈判过程中的各种环境都做了精心而又周密的准备和安排，甚至对宴会上要演奏的中美两国民间乐曲都进行了精心的挑选。在欢迎尼克松一行的国宴上，当军乐队熟练地演奏起由周总理亲自选定的《美丽的亚美利加》时，尼克松总统简直听呆了。他绝没有想到能在中国的北京听到他如此熟悉的乐曲，因为，这是他平生最喜爱的并且指定在他的就职典礼上演奏的家乡乐曲。敬酒时，他特地到乐队前表示感谢。此时，国宴达到了高潮，而这种融洽而热烈的气氛也同时感染了美国客人。一个小小的精心安排，赢得了和谐融洽的谈判气氛，不能不说是一种高超的谈判艺术。

二、知识准备

视频：面对面沟通

（一）开局

导入是从步入会场到寒暄结束这段时间。导入的时间虽短，但其作用很大。为便于双方接触，一般以站立交谈为好。虽然每个人的行为方式、个性特征各不相同，但从总体要求上应注意以下几个方面。

（1）入场：径直走向会场，表情自然，以开诚布公、友好的态度出现。

（2）握手：应掌握握手的力度、时间与方式，亲切郑重。

（3）介绍：可以自我介绍，也可由双方的主谈人向对方介绍己方的谈判人员。

（4）问候、寒暄：语言亲切、和蔼、轻松自如，为塑造良好的气氛，可适当谈一些大家感兴趣的中性话题。

开局阶段是谈判双方进入具体交易洽谈之前，彼此见面、互相介绍、互相熟悉以及就谈判内容和事项进行初步接触的过程。主要步骤如下：

1. 创造良好的谈判气氛。

谈判开局需要创造一个相互信赖、诚挚合作的谈判氛围，可以先选择一些使双方都感兴趣的中性话题聊聊。同时谈判人员要保持平和的心态，热情的握手、信任的目光、自然的微笑都能营造良好的开局气氛。

美国总统杰弗逊曾经针对谈判环境说过这样一句意味深长的话：“在不舒适的环境下，人们可能会违背本意，言不由衷。”英国政界领袖欧内斯特·贝文则说，根据他平生参加的各种会谈的经验，他发现，在舒适明朗、色彩悦目的房间内举行的会谈，大多比较成功。

2. 开好预备会议。

预备会议的内容一般是双方就洽谈目标、计划、进度和人员等内容进行洽商。谈判双方初次见面要互相介绍参加谈判的人员，然后进一步明确谈判要达到的目标，同时还要商定谈判的大体议程和进度。

3. 摸底阶段。

摸底阶段是实质性谈判的开始阶段，是指在正式谈判后，报价之前，谈判双方通过交谈，相互了解各自的立场、观点和意图的阶段。摸底阶段的主要任务是表明我方意图和了解对方的意图。摸底阶段的主要工作是通过开场陈述来进行的，并且应该是分别陈述。

（1）表明我方意图：①表明我方意图应包括的内容有：我方认为本次谈判应解决的主要问题；陈述我方通过谈判应取得的利益；表明我方的首要利益；陈述我方对对方的某些问题的事先考虑；表明我方在此次谈判中的立场、坚持的原则，我方的商业信誉度，并对双方合作可能出现的良好前景或可能发生的障碍作出推测。②表明我方意图的方式：完整的书面表达，无口头补充；书面表达，口头补充；口头表达。

想一想

一方在谈判摸底阶段作如下陈述，想想合适否？

“这个项目对我们很有吸引力，我们打算把土地上原有的建筑拆掉盖起新的大卖场。我们已经同规划局打过交道，相信他们会同意的。现在关键的问题是时间——我们要以最快的速度在这个问题上达成协议。为此，我们准备简化正常的法律和调查程序。以前我方与贵方从未打过交道，不过据朋友讲，你们一向是很合作的。这就是我们的立场。我是否说清楚了？”

（2）了解对方意图。①了解对方意图的主要内容：考察对方是否真诚、值得信赖，能否遵守诺言；了解对方的合作诚意，对方的真实需要是什么；设法了解对方的优势和劣势，是否可以加以利用；设法了解对方在此谈判中必须坚持的原则，以及哪些方面可以做出让步。②了解对方意图的方式：细心倾听，巧妙询问，察言观色，归纳推理。

实践操练

B 公司是一家全国性公司，在一些大中城市设有办事处。B 公司拥有的一块极具升值潜力的地皮，想通过出卖这块地皮获得资金以将其经营范围扩展到国外。除了 A 公司之外，还有兴华、兴运等公司与之洽谈。A 与 B 公司精选了久经沙场的谈判干将，对土地转让问题展开磋商。A 公司的代表说：“我们公司的情况你们可能有所了解，我们是由 × 公司、× × 公司（均为全国著名的大公司）合资创办的，经济实力雄厚。近年来在房地产开发领域业绩显著。在你们市去年开发的 × × 花园收益就很不错。听说你们的周总也是我们的买主啊。你们市的几家公司正在谋求与我们合作，想把其手里的地皮转让给我们，但我们没有轻易表态。你们的这块地皮对我们很有吸引力，我们准备把原有的住户拆迁，开发一块居民小区。前几天，我们公司的业务人员对该地区的住户、企业进行了广泛的调查，基本上没有什么阻力。时间就是金钱啊，我们希望以最快的速度就这个问题达成协议。不知你们的想法如何？”

讨论：1.如果你是B公司的代表，你将如何进行开场陈述？

2.本案例带给我们的启示是什么？

（二）报价阶段

报价，又叫“发盘”，就是谈判双方各自提出自己的交易条件。这里的报价不仅是指在价格方面的要求，还包括价格在内的关于整个交易的各项条件，如商品的数量、质量、包装、装运、保险等交易条件。

1. 开盘价的确定。

谈判过程中的最初报价称为开盘价。对卖方来说，开盘价必须是最高的，代表卖方的最大期望售价，相反，对买方而言，开盘价必须是最低的，代表买方愿意支付的最小期望售价。

2. 报价的先后。

在商务谈判中，由哪一方先报价不是固定的，但就商业习惯而言，一般情况是卖方先报价。先报价的好处：①为谈判规定个框框，最终的协议将在这一界限内形成；②在一定程度上影响对方的期望水平，进而影响对方的谈判行为。先报价的不利之处：①可能会使己方丧失一部分原本可以获得的利益；②会使对方集中力量对报价发起进攻，迫使报价方一步步降价，而对方究竟打算出多高价却分文不露。

3. 报价的技巧。

价格虽然不是谈判的全部，但毫无疑问，有关价格的讨论依然是谈判的主要组成部分。在任何一次商务谈判中，价格的协商通常会占据70%以上的时间，很多没有结局的谈判也是因为双方价格上的分歧而最终导致不欢而散。

简单说，作为卖方希望以较高的价格成交，而作为买方则期盼以较低的价格合作，这是一个普遍规律，存在于任何领域的谈判中。虽然听起来很容易，但在实际的谈判中做到双方都满意，最终达到双赢的局面却是一件不简单的事情，这需要谈判技巧和胆略，尤其在第一次报价时最为关键。

对于卖方，第一次开价黄金法则是：开价一定要高于实际想要的价格。

在谈判过程中，双方都会试图不断地扩大自己的谈判空间，卖家报价越高或者买家报价越低，意味着自己的谈判空间越大，也会有更多的回报。

很多谈判者习惯于在第一次报价时给客户最优惠的价格，希望能够尽早成交。但由于价格已接近最低底线，所以后期在价格谈判中无法让步。还有些人比较急功近利，因为订单量是绩效考核的唯一指标，所以在谈判初期就把价格降至最低，只顾数量而不顾质量，忘记了企业最终目的是赢利而不是报表上的数字。其实谈判的过程同结果一样重要。对方只有通过自己的努力把价格谈下来，才会相信这是卖家能承受的最低价格，再小的生意也要做长线，倘若寸土不让，这次也许可以成交，但下次就会十分困难了。

另外注意不要让报价单把客户吓跑。如果报价超出客户的心理承受范围，己方还态度强硬，对方则随时会终止谈判。因此建议在报价上体现一些伸缩性，但一定要强调回报，比如“如果你能够现款提货，我可以在价格上给予5%的优惠待遇”等等。

无论以何种条件成交，最重要的是要让对方感觉赢得了谈判。

谈判由四个主要因素组成：己方报价和对方的还价，己方底牌与对方的底牌。报价和还价随着谈判的深入会逐渐清晰，整个谈判过程中双方都会揣摩、推测、试探对方的底牌，是心理、智慧、技巧的综合较量。所以无论出现何等情况都不要轻易亮出己方的底价。

运用开盘价一定要高于实际价格的技巧，在谈判的开局可以起到压缩对方谈判空间的作用。当然，报价还应维持在合理的范围之内，较高的报价需要有令人信服的理由支持，增加其附加价值。要让客户知道物超所值。

实践操练

什么是最有效的报价方式?

美国著名的汽车销售代表汉森，以前是个数学老师，没有去过超市。有一次，他的妻子病了，汉森去超市买菜。在去超市的路上，看到一个卖马铃薯的菜农。汉森问菜农马铃薯一磅多少钱，菜农说：“仍是老价钱，一美元一磅。”于是汉森买了20磅，回家后一问妻子才知道，自己买的马铃薯比超市贵得多。

汉森分析道：“在那时，我朦胧意识到，仍是‘老价钱’，就是廉价！但二者其实没有关系。希奇的是成交的时候，自己一点也不觉得贵。其实，这就是有效的报价方式，用最为平实、让人习以为常的报价词语来描述价格，而不是用理性的数字，客户容易接受得多!”

可见有效报价就是让客户感觉物有所值，甚至感觉物超所值！尽量避免让客户觉得产品太贵而产生抵触。

4. 报价方式。

（1）塑造产品价值。客户购买的不是价格，而是价值，所以在报价时要塑造自己产品的价值，让客户感觉物超所值。

（2）化整为零法。化整为零就是将自己的报价折合成小单位，让客户第一感觉是“能够接受”，比如：一辆车全款买是12万元，而采用月供法，则每月仅承担1万元。不同的表述方式会引起不同的销售效果或心理反应。

（3）整合资源销售法。在商场里，经常看到的搭配促销，以及邮局推行的套餐优惠等等，都属于整合资源销售法。整合资源销售法就是将产品的价值、功能重新整合，报价不变，但新赠一些功能或产品，让客户感觉与其他的商家或同产品比较起来，更利便，更实惠。

我们在报价的时候需要讲究一定技巧。但不管如何，客户最终讲究的是产品效果与质量，这是第一位的。

5. 出口货物报价技巧。

怎样报价才有效呢？有经验的出口商首先会在报价前进行充分的准备，在报价中选择适当的价格术语，利用合同里的付款方式、交货期、装运条款、保险条款等要件与买家讨价还价；也可以凭借自己的综合优势，在报价中掌握主动。

（1）报价前充分准备。

首先，认真分析客户的购买意愿，了解他们的真正需求，才能拟就出一份有的放矢的报价单。对于将低价格作为最重要的因素的客户，一开始就报出接近己方底线的价格，那么赢得定单的可能性就大。许多进出口公司会在客户询价后到正式报价前这段时间内，认真分析客户真正的购买意图，再决定给客户尝试性报价（虚盘），还是正式报价（实盘）。

其次，作好市场跟踪调研，清楚市场的最新动态。由于市场信息透明度高，市场价格变化更加迅速，因此，出口商必须依据最新的行情报出价格——“随行就市”，买卖才有成交的可能。正规的、较有实力的外商在国内各地都有办事处，对中国内外行情、市场环境都很熟悉和了解。这就要求出口公司自己也要信息灵通。业务人员应经常去工厂搜集货源，对当地厂家的卖价要很清楚。作为长期经营专一品种的专业公司，因为长时间在业内经营拓展，应该不但了解这个行业的发展和价格变化历史，还能对近期的走势做出合理分析和预测。

（2）选择合适的价格术语。在一份报价中，价格术语是核心部分之一。因为采用某种价格术语实际上就决定了买卖双方责权、利润的划分。所以，出口商在拟就一份报价前，除要尽量满足客户的要求外，自己也要充分了解各种价格术语的真正内涵并认真选择，然后根据已选择的价格术语进行报价。

选择以FOB价成交，在运费和保险费波动不稳的市场条件下于自己有利。但也有许多被动的方面，比如：由于进口商延迟派船，或因各种情况导致装船期延迟，船名变更，都会使出口商增加仓储等费用的支出，或因此而迟收货款造成利息损失。出口商对出口货物的控制方面，在FOB价条件下，由于是进口商与承运人联系派船，货物一旦装船，出口商即使想要在运输途中或目的地转卖货物，或采取其他补救措施，也会颇费一些周折。

在CIF价出口的条件下，船货衔接问题可以得到较好的解决，使得出口商有更多的灵活性和机动性。在一般情况下，只要出口商保证所交运的货物符合合同规定，所交的单据齐全、正确，进口商就必须付款。货物过船舷后，即使在进口商付款时货物遭受损坏或灭失，进口商也不得因货损而拒付货款。就是说，以CIF价成交的出口合同是一种特定类型的“单据买卖”合同。一个精明的出口商，不但要能够把握自己所出售货物的品质、数量，而且应该把握货物运抵目的地及货款收取过程中的每一个环节。对于货物的装载、运输、货物的风险控制都应该尽量取得一定的控制权，这样贸易的盈利才有保障。一些大的跨国公司，常以自己可以在运输、保险方面得到优惠条件而要求中国出口商以FOB价成交，就是在保证自己的控制权。比如，出口日本的货物大部分都是FOB价，即使出口商提供很优惠的条件，也很难将价格条件改过来。所以到底是迎合买家的需要，还是坚持自己的原则，出口商在报价时要多加斟酌。

在现在出口利润普遍不高的情况下，对于贸易全过程的每个环节精打细算比以往任何时候更显重要。国内有些出口企业的外销利润不错，他们的做法是，对外报价时，先报FOB价，使客户对本企业的商品价格有个比较，再询CIF价，并坚持在国内市场安排运输和保险。这样做，不但可以给买家更多选择，而且有时在运保费上还可以赚一点差价。

（3）利用合同其他要件。合同其他要件主要包括：付款方式、交货期、装运条款、保险条款等。在影响成交的因素中，价格只是其中之一，如果能结合其他要件和客户商谈，价格的灵活性就要大一些。例如，对于印度、巴基斯坦等国或地区的客户，有时候给他 30 天或 60 天远期付款的信用证的条件，或许对他具有更大的吸引力。

同时，还可以根据出口的地域特点、买家实力和性格特点、商品特点来调整报价。有的客户特别在意价格的高低，定单会下给报价最低的卖家，那么报价时就直接报给他己方所能提供的最低价格。有的客户习惯于讨价还价，那么，第一次报价时可以预留出他希望砍掉的幅度。

如果一种产品在一段时间里行情低迷，为了抢下定单，就不妨直接报出最低价。而对于服装等季节性很强的商品，在报价中给客户承诺快速而又准时地交货无疑更吸引客户。

（4）以综合实力取胜。如果对于自己的综合实力有信心，就不用一味地以低价来取悦客户。报价要尽量专业，在报价以前或报价中设法提一些专业性的问题，显示自己对产品或行业很熟悉、很内行、很有信心。在与新客户打交道时，让客户了解自己的情况很重要，可以请他们去参观工厂，了解自己的运作程序，这样更容易让客户下单。

同时，非常了解和熟悉该行业的外商能够从己方的报价中觉察到己方是否是该行业中的老手，并判断己方的可信度，过低的价格反而让客户觉得不可信、不专业。

最后，在对新客户报价前，一定要尽量让他了解自己公司实力和业务运作模式。只有对合作者及其公司具有充分的信心时，客户才有可能考虑交易条件，这一点常被很多没有经验的出口商忽略。虽然目前很多外商到处比价询盘，但良好的公司的形象和口碑能够帮助吸引和留住客户。可以说，良好的公司形象就是金字招牌。

总之，在报价单里出现的应是：报价人的详细联系方式、报价时间、报价产品的各种价格组成部分、价格条款、不同订货数量对应的不同价格、产品图片等，总之越详细越好。

（三）讨价还价

双方谈论价格是建立在对方对产品价值认可的基础上，所以讨价还价一般在对方期望成交时再谈比较合适。这一阶段中应先分清楚客户的动机，是恶意还价还是善意还价，再分别作出决定，如下所示。

A 类客户，恶意还价

你开个价格，每次他都说，HI，YOU GIVE ME A CRAZY PRICE，I KNOW ×× COMPANY WHO PRODUCE A SIMILAR PRODUCT，THEY ONLY GIVE ME 30% PRICE AS YOU GAVE。

这时你要理智地答复：YES，SIR，I DO KNOW THEY GIVE YOU LOW PRICE FOR SIMILAR PRICE，BUT OUR PRODUCT IS DIFFERENT TO THEIRS。接着介绍公司的产品特色、售后服务等优势。然后表示很遗憾：我们的产品跟你要求的价格相差太远，不过我们还有些便宜的产品（介绍些特价的库存品给他），看对方答复。做外贸一定要知道自己的目标市场在哪里，销售对象并不是所有人，只要能抓住目标市场的一小部分人就足够了。比如你的市场定位在 10 元，那么你的客户就是能接受 8—12 元产品的人，那些只肯出 1 元买便宜产品或者 20 元买奢侈品的人，就要从客户名单中暂时被删除掉，除非他们将来能接受这个 10 元的价格和质量。

B 类客户，善意还价

每次开价后，他们总是要个10%的折扣。这种客户，一般来说确实是想买产品的，那就不要为了小利益把人家得罪。确定自己的权限和折扣在哪里后，你可以回答“DEAR SIR，THE PRICE WE GIVE IS ALMOST REACH OUR BOTTOM LINE，I TRIED TO GET A 2% DISCOUNT FROM MY BOSS，HOPE THIS WILL MAKE YOU SATISFIED. PLEASE NOTE，I HAVE TRY MY BEST.”或者说“ACCORDING TO OUT COMPANYS POLICY，ONLY ANNUAL PURCHASING AMOUNT REACHED ××，WE CAN ONLY GIVE A 2% DISCOUNT. I REPORT YOUR CASE TO OUR TOP MANAGEMENT AND TRIED TO GET THIS DISCOUNT FOR YOU DUE TO OUR LONG TERM RELATIONSHIP...”总之，即使这个价格你能接受，也要显示得比较勉强。假如人家一还价，你马上就松口，会让客户觉得你还有让价的空间，价格就会被越压越低。而且，永远不要在客户面前显示出急躁的心态，你越着急，客户就越会砍价。有的时候，关于价格的谈判，未必要当天回复，可以等个1—2天，表示这个问题很难处理，先要请示才能答复。

（四）如何面对客户的拒绝

做为一个业务员，最难过的，就是客户对自己说“不”。这种情况下，千万不要放弃。

要请问客户被拒绝的原因：

DEAR SIR，I UNDERSTAND YOUR SITUTATION AND THANKS FOR ALL YOUR EFFORTS DONE FOR US. BUT COULD YOU KINDLY LET ME KNOW THE REASON? PRICE，DELIVERY OR...

有的客户会诚恳地告之原因。针对不同的情况，当然要做不同的解释。比如是预算不高，可以跟他解释：我们这个定单的量不是很大，金额也不高。你为这个单子也很费了工夫，工厂也花了不少成本和精力，是不是可以再争取一下？如果全部接受有难度，是不是接受其中一部分，其他的留到明年1月（千万不要说到以后，要讲清楚具体时间，不然人家会完全忘记）。如果是因为发货期不对，则可以问他们预计的发货期，跟工厂再争取下提前。如果是价格太高，可以询问客户是否可接受类似但价格低的特价品，并强调其产品特色。

总之，不到最后一刻，千万不要放弃；即使放弃，也还要客气地跟客户说再见，期待下次合作，之后保持联系。如果被拒绝，不要低三下四地乞求或者辱骂别人，要不卑不亢，有理有节。

（五）谈判签约

谈判双方经过你来我往多个回合的讨价还价、较量与让步，就商务交往中的各项重要内容完全达成一致以后，为了明确彼此之间的权利和义务，同时也为了给以后的履行提供标准，取得法律的确认和保护，都要签订商务合同。因此，合同的签订也是商务谈判取得成果的标志，是全部谈判过程的重要组成部分，是谈判活动的最终落脚点。签约意味着全部谈判工作的结束。

有经验的谈判者总是善于在关键、恰当的时刻，抓住对方隐含的签约意向或巧妙地表明自己的签约意向，趁热打铁，促成交易的达成与实现。

1. 把握签约意向。

（1）向对方发出信号。谈判收尾，在很大程度上是一种掌握火候的艺术。一方的让步有时能使对方相应也做出让步，反过来，又引起新一轮的让步，多米诺骨牌效应会使双方的相互让步很快接近平衡点，而最后的细节在几分钟内即可拍板。在即将达成交易时，谈判双方都会处于一种准备完成时的兴奋，而这种兴奋状态的出现往往是由于一方发出成交的信号所致。

常见的成交信号有以下几种：①谈判人员所提出的建议是完整的，没有不明确之处；如果他的建议未被接受，除非中断谈判，谈判者没有别的出路。②谈判者用最少的言辞阐明自己的立场，谈话中表达出一定的承诺思想，但不含有虚假成分，比如："好，这就是我最后的主张了，现在您的意见如何？"③谈判者在阐明自己的立场时，完全是一种最后决定的语气，坐直身体，双臂交叉，文件放在一边，两眼紧盯着对方，不卑不亢，没有任何紧张的表示。④回答对方的任何问题尽可能简单，常常只回答一个"是"或"否"，使用短词，很少用论据，表明确实没有折衷的余地。⑤一再向对方保证，现在结束对他是最有利的，并告诉他理由。

发出这些信号，目的在于促进对方脱离勉强或惰性十足的状态，设法使对方行动起来，从而达成一个承诺。这时应该注意，若过分使用高压政策，有些谈判对手就会退出；如果过分表示出希望成交的热情，对方就有可能一步也不让而发起进攻。

（2）最后一次报价。在一方发出签约意向的信号，而对方又有同感的时候，谈判双方都需要作最后一次报价。对最终报价，要注意以下几点：

不要过于匆忙报价，否则，会被认为是另一个让步，令对方觉得还可以再努力争取到另一些让步；如果报价过晚，对局面已不起作用或影响很小，也是不妥的。为了选好时机，最好把最后的让步分成两步，主要部分在最后期限之前提出，刚好给对方留一定时间回顾和考虑。次要部分，如果有必要的话，应作为最后的"甜头"，安排在最后时刻做出。

最后让步必须足以成为预示最后成交的标志。在决定最后让步幅度时，一个主要因素是看对方接受这一让步的人在对方组织中的位置。如果让的幅度比较大，应是大到刚好满足较高职位的人维持他的地位和尊严的需要。

让步与要求同时并提，除非己方的让步是全面接受对方现时的要求，否则，必须让对方知道，无论在己方做出最后让步之前或做出让步的过程都希望对方予以响应，做出相应的让步。比如，在提出己方让步时，示意对方这是谈判个人自己的主张，很可能会受到上级的批评，所以要求对方予以同样的回报。

（3）最后的总结。在发出成交信号、最终报价和交易达成的会谈之前，很有必要对以下内容进行最后的回顾和总结：①搞清是否所有的内容都已谈妥，是否还有一些未得到解决的问题，以及这些问题的最后处理。②明确所有交易条件的谈判结果是否已达到己方期望的交易结果或谈判目标。③最后的让步项目和幅度。④决定采用何种特殊的结尾技巧。⑤着手安排交易记录事宜。

这种回顾的时间和形式取决于谈判的规模，可以安排在一个正式的会议上，也可以安排在一天谈判结束后的20分钟休息时间里。

阅读：商务谈判中肢体语言的运用技巧

2. 促成签约的策略。

（1）期限策略。期限策略即是规定出谈判截止日期，利用谈判期限的力量向对方施加无形压力，借以达到促成签约的目的。

谈判中买方采用期限策略举例

①我方12月31日以后就无力购买了；

②如果你不同意，下星期一我们就要找别的卖主商谈了；

③我方要在4月1日之前完成全部订货；

④这是我们的生产计划书，假如你们不能如期完成，我们只好另找其他的供应商了。

谈判中的卖方采取期限策略举例

①存货不多，欲购从速；

②如果你方不能在9月1日以前给我们订单，我们将无法在10月30日前交货；

③如果我方这星期收不到货款，这批货物就无法为你方保留了；

④从5月1日起价格就要上涨了；

⑤优惠价格将于9月30日截止。

（2）优惠劝导策略。优惠劝导策略，即向对方提供某种特殊的优待，以促成尽快签订合同的策略。例如，采用买几送一、折扣销售、附送零配件、提前送货、允许试用、免费安装、免费调试、免费培训、实行“三包”等手段。

（3）行动策略。行动策略是谈判一方以一种主要问题已经基本谈妥的姿态采取行动，促进对方签订合约。比如，买方（卖方）可以着手草拟协议，边写边向对方询问喜欢哪一种付款方式或愿意将货物送到哪个地方或仓库。

（4）主动征求签约细节方面的意见。谈判一方主动向对方提出协议或合同中的某一具体条款的签订问题，以敦促对方签约。例如，签订验收条款要共同商定验收的时间、地点、方式及技术要求等。

（5）采取一种表明结束的行动。谈判一方可以给对方一个购货单的号码、明信片，或者和他握手祝贺谈判成功。这些行动有助于强化对方已经做出的承诺。

在采取以上策略时必须注意，不要恭维对方。谈判即将结束时，切忌恭维对方：“这是你所达成的最好协议，你不会感到遗憾的。”这样容易增加对方的疑惑：我已承诺的到底是什么？

3. 签约的礼仪。

> 案例
>
> **签字礼仪案例**
>
> 长时间的洽谈之后，南方某市的一家公司终于同美国的一家跨国公司谈妥了一笔大生意。双方在达成合约之后，决定为此正式举行一次签字仪式。
>
> 因为当时双方的洽谈在我国举行，故此签字仪式便由中方负责。而在仪式正式举行的那一天，让中方出乎意料的是，美方差一点要临场变卦。
>
> 原来，中方的工作人员在签字桌上摆放中美两国国旗时，误以中国的传统作法“以左为上”代替了目前所通行的国际惯例“以右为上”，将中方国旗摆到了签字桌的右侧，而将美方国旗摆到了签字桌的左侧。这让美方人员恼火不已，他们甚至因此而拒绝进入签字厅。这场风波经过调解虽然停息了，但它却给了人们一个教训：在商务交往中，对于签约的礼仪不可不知。

（1）签署合同。根据仪式礼仪的规定：对签署合同这一类重大事件，应当严格地依照规范来应用礼仪。为郑重起见，在具体签署合同之际，往往会依例举行一系列的程式化活动，此即所谓的签约仪式。在具体操作时，它又分为草拟阶段与签署阶段两大部分。

在现实生活中，商界人士所接触到的商务合同的种类繁多。常见的有购销合同、借贷合同、租赁合同、协作合同、加工合同、基建合同、仓保合同、保险合同、货运合同、责任合同等等。以下先来介绍草拟合同的正规做法。

从格式上讲，合同的写作有一定之规。它的首要要求是目的要明确，内容要具体，用词要标准，数据要精确，项目要完整，书面要整洁。违犯了上述各项要求中的任何一点，都有可能会给工作带来障碍。

从具体的写法上来说，合同大体上有条款式与表格式两类。条款式合同，是以条款形式出现的合同。表格式合同，是以表格形式出现的合同。条款式合同与表格式合同在写法上都有各自的具体规范，在实践中必须遵守。一般来说，标的、费用与期限被称作合同内容的三大要素。在任何一项合同中，都应当三者齐备，缺一不可。从具体的条款撰写上来讲，一项合同至少需要具备标的、数量或质量、价款或酬金、履约的期限与地点及其方式和违约责任等五大基本内容。

在草拟合同时，除了在格式上要标准、规范之外，还必须注意遵守法律、符合常识、顾及对手利益等几方面的问题。

首先，草拟合同必须遵守法律。在商务交往中，所有正式的合同都具有法律约束力。它一旦订立，任何一方都不可擅自变更或解除。因此，商务人员必须熟悉国家的有关法律与法规，以便充分地运用法律来维护自身的正当权益。

从操作中的实际状况来看，商务人员在拟定合同时，必须遵守的有关法律、法规，主要涉及商品生产、技术管理、外汇管制、税收政策以及商检科目等五个方面。

在草拟涉外商务合同时，还必须遵循我国法律与国际条法。遵循我国法律，是国家主权原则的体现，也是为了不损害我国的社会公共利益。遵循国际条法，则是为了在对外交往中更好地与国际社会接轨，在国际经济合作中少走弯路。

其次，草拟合同必须符合惯例，即优先遵守我国的法律、法规，但遇上有关法律、法规尚未规定的，则可采用举世公认的国际惯例。

所谓商务交往中的国际惯例，是指那些为国际社会所普遍接受的、约定俗成的常规做法。例如，在商务交往中政治与经济应当分开，不允许借商务往来之便干涉他国的内部事务，或是伺机影响他方的内政。

又如，买方在签署合同后，应当按照合同规定的期限，向银行开立信用证。开立信用证，应填写申请书，当银行同意接受后，将依交易金额收取一定比例的开证费，并根据客户的资信收取一定数额的押金，然后按进口方的要求向出口方开出信用证。信用证一经开出，对方往往会要求进行某种程度的改动。只要确系开证时的疏漏，都可同意修改。反之，是不宜贸然应允的。

一般而言，国际惯例是维系商务交往正常化的一大基石，商界人士应当以它来协调自己的行动。对此不甚了了而贸然行事，必定会吃大亏。

再次，草拟合同必须合乎常识，坚决不要犯常识性错误。

必备的常识，是指与其业务有关的专业技术方面的基础知识，包括商品知识、金融知识、运输知识、保险知识和商业知识等等。商品知识，包括产品的生产过程和管理，以及产品本身的一切知识。金融知识，是指与货币的发行、流通、回笼有关的知识，主要指货币、汇率、信贷等知识。运输知识，包括运输具体方式的选择、运输中商品形态的具体要求、运输的特殊条件以及运输的责任方等知识。商业知识，是指与商品流通各环节有关的知识。具备上述常识，将有助于商业人士在工作中得心应手，为交往对象所敬重。

最后，草拟合同必须顾及对手利益。在草拟合同的具体条款时，既要“以我为中心”，优先考虑己方的切身利益，又要替对方多多着想，顾及对方的体面，并尽可能照顾对方的利益。这是促使合同为对方所接受的最佳途径。

因此，谈判时，不仅要讲原则性，也要讲灵活性。在坚持根本利益的前提下，灵活地变通，适当地让步，获利更长久。

通常，合同的成立生效需要履行一定的手续。依照我国的有关法律规定，当事人就合同条款的书面形式达成协议，并且签字，即为合同成立。假如通过信件、电报、传真、电传达成了协议，一方当事人要求签订确认书的，则签订确认书时，即为合同成立。这种规定，实际上有双重含义，一方面，我国只承认书面的合同；另一方面，唯有经过有关当事人正式签字，合同才成立并生效。

（2）签字仪式。仪式礼仪规定，为了使有关各方重视合同、遵守合同，在签署合同时，应举行郑重其事的签字仪式。为此，应作好以下几个步骤的准备工作。

第一，要布置好签字厅。使之庄重、整洁、清静（见图7－5）。

一间标准的签字厅，应当室内满铺地毯，除了必要的签字用桌椅外，其他一切陈设都不需要。正规的签字桌应当为长桌，其上最好铺设深绿色的台呢。按照仪式礼仪的规范，签字桌应当横放于室内。在其后，可摆放适量的座椅。签署双边性合同时，可放置两张座椅，供签字人就座。签署多边合同时，可以仅放一张座椅，供各方签字人签字时轮流就座；也可以为每位签字人提供一张座椅。签字人在就座时，一般应当面对正门。

在签字桌上，应事先安放好待签的合同文本以及签字笔、吸墨器等签字时所用的文具。

与外商签署涉外商务合同时还需在签字桌上插放各方国旗。插放国旗时，在其位置与顺

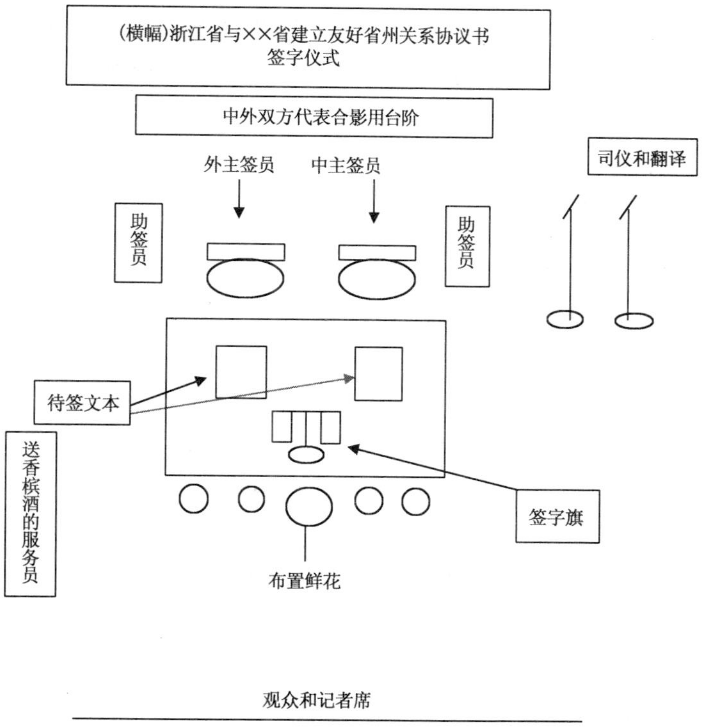

图 7－5　签字大厅布置简图

序上，必须按照礼宾序列而行。例如，签署双边性涉外商务合同时，有关各方面的国旗须插放在该方签字人座椅的正前方。

第二，要安排好签字时的座次。在正式签署合同时，各方代表对于礼遇均非常在意，因而商务人员对于在签字仪式上最能体现礼遇高低的座次问题要认真对待。

签字时各方代表的座次，由主方代为先期排定。合乎礼仪的作法是：在签署双边性合同时，应请客方签字人在签字桌右侧就座，主方签字人则应同时就座于签字桌左侧。双方各自的助签人，应分别站立于各自一方签字人的外侧，以便随时对签字人提供帮助。双方其他的随员，可以按照一定的顺序在己方签字人的正对面就座；也可以依照职位的高低，依次自左至右或是自右至左地排成一行，站立于己方签字人的身后。当一行站不完时，可以按照以上顺序并遵照“前高后低”的惯例，排成多行。原则上，双方随员人数，应大体上相近。

三、任务演练

让学生做个名称叫做“from A to K”的谈判游戏。主要训练学生的谈判策略。

每四个人一组，每人一张卡片，卡片一面是 A，另一面是 K，每个人可以选择自己出哪一面。

计分规则是：出现四个 A 时，每人输掉一分；出现三个 A 一个 K 时，出 A 的每人赢一分，K 输三分；出现两个 A 两个 K 时，A 每人赢一分，K 每人输两分；出现一个 A 三个 K 时，A 赢三分，K 每人输一分。当出现四个 K 时，每个人都赢一分。总共玩十局。每五、

七、九局可以商量出牌，其余局不能商量。最后统计出牌情况。教师对结果分几种情形进行分析和总结：

（1）在不商量的牌局中情形如何？

（2）在商量的牌局中情形如何？

四、能力拓展

模拟谈判

谈判主题：卡车售价

谈判者：买方及卖方

具体情况：

卖方要出售他所使用的冷藏卡车，虽然使用了三年，但里程数低，保养良好。买方则想买一辆附冷藏系统的卡车来做农产品运输生意。买方曾看过其他的二手车，今天早上刚试开了卖方的车。

买卖双方都掌握的信息：

（1）谈判于八分钟后开始，现在开始准备。

（2）买方曾试过车，状况良好，且里程数只有35 000里。

（3）全新的冷藏卡车价格为人民币75 000元。

（4）若价格适当，这种车的二手车相当好卖。三年的车价格在人民币20 000元到人民币55 000元，视车况及里程数而定。

（5）卖方开价为人民币56 000元。

（6）整体经济状况并不是很好。

（7）卖方说要现金买卖，声称即将退休，搬到其他城市定居。

（8）买方说现金不是问题，只要价格合理。

说明：（1）先决定谁将扮演卖方，谁扮演买方。

（2）双方将有5分钟的谈判时间。就像在真实情景中一样，双方不一定要达成协议（即不一定要成交）。

阅读：进攻式开局谈判策略介绍及案例分析

8 学习情景八 合同索赔的谈判

情景任务

索赔是所有进出口企业都可能会碰到的问题。娴熟的索赔处理技巧不仅可以帮助企业把损失降低到最低限度，还可能因此加强和客户的合作，赢得忠诚的客户和更多的定单。如果索赔处理不当，可能会给企业带来很大的麻烦甚至灭顶之灾。通过本学习情景的学习，将帮助学生在未来从事国际贸易的工作中处惊不变，掌握主动。

一、知识导入

案例

不合格的“一等品”

中国某外贸公司与德国某公司签订了一系列出口半漂布合同。根据中德贸易协定规定，凡中国从德国进口货物，均按德方国家标准进行验收，凡中国出口到德国的货物则按中国国家标准进行验收。

这批出口半漂布合同的品质条款规定“交货品质为一等品”，却未说明一等品的含义。合同还规定“每100米允许10个疵点，每个疵点转码10公分”，同时还列出了近20种疵点名称。合同品质规定实际上是要求我方供应“0分布”，与中国国家标准完全不符。事实上，“0分布”在任何国家的标准中都是没有规定。

德方对中方出口的五百多万米半漂布几乎都判为等外品或二等品，提出了高达110万美元的索赔要求。其中上海某厂生产的一百多万米窄幅布根据国家标准检验是一等品，但按这个合同的品质条款检验，就不再是一等品了。德方有关人员也承认，这个合同的品质要求实际上是做不到的；但是既然已经签了合同，就要按品质不符合同要求进行赔偿。最后，中方公司向德方理赔了相当金额后才使此案得以解决。

防范措施：详定品质条款，重视索赔时效。

二、知识准备

（一）索赔的概念

索赔是指进出口交易中，因一方违反合同规定，直接或间接造成另一方损失，损害的一方向违约方提出赔偿要求（大致流程见图8－1）。

（二）索赔发生的原因

1. 信用不佳。

因交易对手信用不佳，不确实履行合同义务，导致另一方遭受损害，受损方提出索赔。这是最常见的索赔原因。

2. 合同条件不完备或用词模棱两可。

买卖双方订约未尽周详，合同内容不够完备，或合同用词模棱两可，无明确定义，致合同发生问题时无法依约解决，亦为索赔发生的原因。

3. 法规惯例不一致。

各国经贸发展背景不同，外汇贸易管制情况互异，常因贸易法规惯例不一致，造成贸易遵循立场的困扰。

4. 语言文字不同（沟通落差）。

语言文字理解程度难以一致，致使双方交易条件无法正确表达和沟通，产生执行上的偏差。

5. 不可抗力事故。

例如因天灾致无法如期交货，或因政策法令变动而无法顺利汇出货款，只要合同中有订明不可抗力事故的条款，这类索赔通常较易解决。

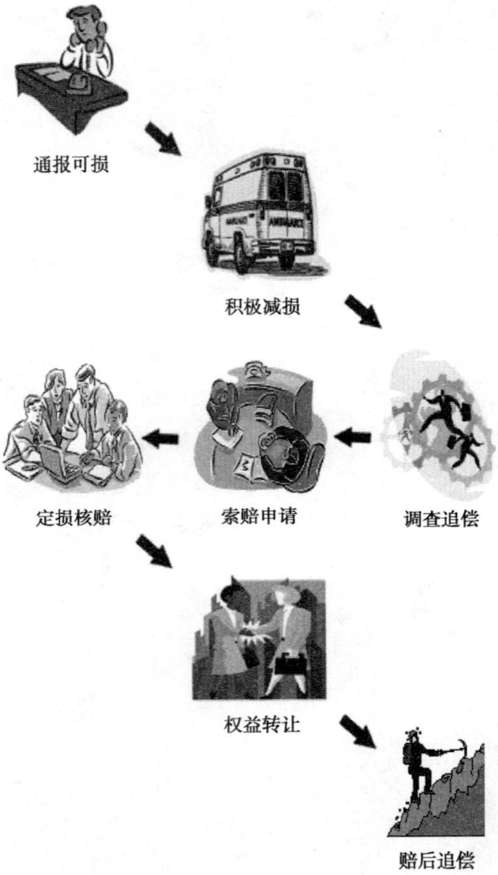

图8－1 索赔流程

（三）索赔的范围

1. 金钱的索赔。

（1）拒付价款，例如：因质量不佳，迟延装船，而拒付。

（2）要求减价或折价，例如：因质量不佳，迟延装船，而要求减价或折价。

（3）要求赔偿损失。例如卖方迟延装货，致买方工厂停工而发生的损失，买方要求索赔；买方不开或迟开信用证，卖方要求索赔。

2. 非金钱的索赔。

（1）拒收货品并要求退还货款。若因未成功交货而影响工厂停工或需另补进货物而发生损失，则这种附带损失可一并向卖方索赔。

（2）掉换货物。若货物不符合同规定，可一方面拒收货物，另一方面要求卖方另行补运符合合同规定的货物。

（3）补交。卖方短交时可要求其补交。

（4）修护。通常要求修护的情形，以机器类货物居多。因故障或损坏经修护可恢复的，修护后，买方仍可要求卖方给予若干赔偿。

（5）要求履约，即卖方或买方要求对方按照合同条件履行之意。例如对于不交运合同货物时，买方可以要求卖方照约交运。又如买方迟迟不开发信用证时，卖方可以要求买方依约开发信用证。

（6）取消合同或取消部分合同。前者为要求取消全部合同，后者为要求取消未装运或未履行部分的合同。

（7）道德制裁。例如拒绝往来、通报同业、请贸易主管当局将其列入黑名单等。

（四）索赔的内容

（1）关于质量方面的索赔：例如质量不佳、劣等质量、瑕疵质量、混入不良品、混入劣等品等。

（2）关于数量方面的索赔：例如重量或内容的短失、整件货物的短卸或短交，或卖方交货时短装或漏装。

（3）关于价格方面的索赔：合同中有关价格计算及各类费用的负担未详加约定，因而导致索赔，例如汇率变动损失或运费保费上涨损失由何方负担，佣金如何计算等。

（4）关于包装、装运标志方面的索赔。例如包装不良、包装不充分或不全、包装不符、包装松弛、破损、漏损、装运标志不全等。

（5）关于交货方面的索赔。例如迟延交货，或约定不得分批装运或转运，卖方未予遵守，致买方遭受损失而提出的索赔。

（6）关于保险方面的索赔。保险方面的索赔发生在以 CIF 和 CIP 条件交易的场合。例如卖方未依合同规定投保，致货物遭受损害时得不到赔偿或赔偿不足。

（7）关于货款方面的索赔。例如买方不付款、迟延付款或不依约开发信用证而遭卖方索赔。

（8）关于信用证方面的索赔。信用证方面的索赔多由卖方提出，常见的有买方不开信用证、迟开信用证、开出内容不当或信用证不完整。

（五）索赔谈判计划的制定

以具体案例为例：

1. 谈判双方。

我方（B 方）——尼威公司

对方（A 方）——佳艺公司

2. 谈判主题。

解决因布料延迟交货而产生的索赔问题，以维护双方长期的合作关系。

3. 双方利益及优劣势分析。

我方核心利益：

（1）解决赔偿问题，对索赔问题尽量找到最好的方法（赔偿少量钱，尽量提早交货）解决。

（2）维持双方长期合作关系，不愿让公司名誉受损，也不愿失去佳艺公司这一实力较强的大客户。

对方核心利益：

（1）要求我方尽早交货，要求我方赔偿，弥补他们的损失。

（2）维护双方长期合作关系。

我方优势：

（1）法律优势：由于“新冠肺炎”疫情导致工厂隔离不能正常生产，属于不可抗力的范围。法律关于不可抗力所产生的后果给了相关免责的规定（参照《联合国国际货物销售合同公约》对不可抗力的规定）。

（2）根据合同，我方由不可抗力产生的延迟交货不适用处罚条例。

（3）对方迫切需要布料，以便满足客户需要，对方与我方无法达成合作将对其造成巨大损失。

对方优势：

（1）对方公司占有中国某类布料服装内场1/3的份额，而且是国内十大服装名牌之一。

（2）对于我方违反合同规定，根据免责之外的条款可以要求我方赔偿损失。

对方劣势：

（1）不可抗力这一点对我方极为有利，我方将据此拒绝赔偿。客观存在的“新冠肺炎疫情”情况的确对被告履行合同造成不利影响。

（2）由于我方延迟交货对对方公司已造成利润、名誉上的损失，对方急需布料生产，以便尽可能地满足客户的需要。因此对方迫切希望与我方合作，否则将可能造成更大损失。

（3）对方属于履约方，面临与众多购货公司的相关谈判，达不成协议将可能陷入困境。而且布料来之不易，现今只有我公司能给与他们最好的答复。

4. 谈判目标。

（1）基本目标：体面、务实地解决此次索赔问题，重在减小损失，并维护双方长期合作关系。

（2）最高期望：不赔偿，通过购买其他厂商同质量同类别的布料和自己公司生产的方式，在5天内，即5月10日之前交货。

（3）中等目标：①赔款：100万—150万美元；②交货期：15天后，即5月20日。优惠待遇：边生产边供货，我方提供运输费用。

（4）最低底线：①尽快交货以减小我方损失。赔款：200万美元，交货期为5月20日。②为弥补我方损失，向对方提出单价降5%的要求。

5. 谈判程序。

（1）开局阶段。宜采取感情交流式开局策略：通过谈及双方合作情况形成感情上的共鸣，将对方引入到较融洽的谈判气氛中。因为我方是违约方，所以应尽量让对方心情平静，利于谈判。

我方提出有关因为“新冠肺炎疫情”停工属于不可抗力而拒绝赔偿的对策：①借题发挥的策略：认真听取对方陈述，抓住对方问题点，进行攻击、突破；②法律与事实相结合原则：提出我方法律依据，并对停工事件进行剖析，对其进行反驳。

（2）中期阶段：①层层推进、步步为营的策略：有技巧地提出我方预期利益，先易后难，步步为营地争取利益。②把握让步原则：明确我方核心利益所在，实行以退为进策略，退一步进两步，做到迂回补偿，充分利用手中筹码，适当时可以增加赔款金额来换取其他更大利益。③突出优势：以资料作支撑，以理服人，强调与我方协议成功给对方带来的利益，同时软硬兼施，暗示对方若与我方协议失败将会有巨大损失。④打破僵局：合理利用暂停，首先冷静分析僵局原因，再运用“肯定对方形式，否定对方实质”的方法解除僵局，适时用声东击西策略（如假装打电话）打破僵局。

（3）休局阶段：如有必要，根据实际情况对原有方案进行调整。

（4）最后谈判阶段：①把握底线：适时运用折中调和策略，严格把握最后让步的幅度，在适宜的时机提出最终条件，使用最后通牒策略。②埋下契机：在谈判中形成一体化谈判，以期建立长期合作关系。③达成协议：明确最终谈判结果，出示会议记录和索赔范本，请对方确认，并确定正式索赔条款生效的时间。

6. 制订应急预案。

如果双方是第一次进行索赔谈判，彼此不太了解，为了使谈判顺利进行，有必要制订应急预案。

（1）对方坚持说我方违约，要求支付赔偿金。应对方案：就赔款金额进行价格谈判，运用妥协策略，换取在交货期、优惠待遇等方面的利益。

（2）对方使用权力有限策略，声称损失的金额较大，拒绝我方的提议。应对方案：了解对方权限情况，据理力争，适当运用制造僵局策略，再以暗示的方式揭露对方的权限策略，并运用迂回补偿和红白脸的技巧来突破僵局。

（3）对方使用借题发挥策略，对我方某一次要问题抓住不放。应对方案：避免没必要的解释，可转移话题。必要时可指出对方策略的本质，并声明，对方的策略影响谈判进程。通过之前谈判经验，尽可能地不要过多纠缠于一个问题。

（4）若对方坚持在“按照合同要求赔偿”一点上不作出任何让步，且在赔偿金额上也不作出积极回应和让步。应对方案：我方先突出对方与我方长期合作的重要性，并暗示与我方未达成协议对其的恶劣影响，然后作出最后通牒。

7. 谈判团队人员组成及分工。

主谈：××，公司谈判全权代表。

财务总监：××，负责财务方面预算。

秘书：××，记录谈判内容。

技术顾问：××，负责技术问题。

法律顾问：××，负责法律问题。

生产总监：××，负责生产方面的问题。

8. 准备谈判资料。

相关的法律资料有：《中华人民共和国民法典》和《联合国国际货物买卖合同公约》。

三、任务演练

中日索赔谈判中的议价沟通与说服

我国从日本S汽车公司进口大批FP－148货车，使用时普遍发生严重质量问题，致使我国蒙受巨大经济损失。为此，中方向日方提出索赔。

谈判一开始，中方简明扼要地介绍了FP－148货车在中国各地的损坏情况以及用户对此的反应。中方在此虽然只字未提索赔问题，但已为索赔说明了理由和事实根据，展示了中方谈判威势，恰到好处地拉开了谈判的序幕。日方对中方的态度早有预料，因为货车的质量问题是一个无法回避的事实，日方无心在这一不利的问题上纠缠。为避免劣势，日方不动声色地说："是的，有的车子轮胎炸裂、挡风玻璃炸碎、电路有故障、铆钉震断，有的车架偶有裂纹。"中方觉察到对方的用意，便反驳道："贵公司代表都到现场看过，经商检和专家小组鉴定，铆钉非属震断，而是剪断，车架出现的不仅仅是裂纹，而是裂缝、断裂！而车架断裂不能用'有的'或'偶有'，最好还是用比例数据表达，更科学、更准确……"日方代表淡然一笑说："请原谅，比例数据尚未准确统计。""那么，对货车质量问题贵公司能否取得一致意见？"中方对这一关键问题紧追不舍。"中国的道路是有问题的。"日方转了话题，答非所问。中方立即反驳："诸位已去过现场，这种说法是缺乏事实根据的。""当然，我们对贵国实际情况考虑不够……""不，在设计时就应该考虑到中国的实际情况，因为这批车是专门为中国生产的。"中方步步紧逼，日方步步为营，谈判气氛渐趋紧张。中日双方在谈判开始不久，就在如何认定货车质量问题上陷入僵局。日方坚持说中方有意夸大货车的质量问题："货车质量的问题不至于到如此严重的程度吧？这对我们公司来说，是从未发生过的，也是不可理解的。"此时，中方觉得该是举证的时候，便将有关材料向对方展示说："这里有商检、公证机关的公证结论，还有商检拍摄的录像。如果……""不！不！对商检公证机关的结论，我们是相信的，我们是说贵国是否能够作出适当让步。否则，我们无法向公司交待。"日方在中方所提质量问题攻势下，及时调整了谈判方案，采用以柔克刚的手法，向对方踢皮球。但不管怎么说，日方在质量问题上设下的防线已被攻克了。这就为中方进一步提出索赔要求打开了缺口。随后，在FP－148货车损坏归属问题上双方取得了一致的意见。日方一位部长不得不承认，是属于设计和制作上的问题所致。初战告捷，但是我方代表意识到更艰巨的较量还在后头——索赔金额的谈判才是根本性的。

随即，双方谈判的问题升级到索赔的具体金额上——报价、还价、提价、压价、比价，一场毅力和技巧的较量展开了。中方主谈代表擅长经济管理和统计，精通测算。此刻，在他的纸笺上，大大小小的索赔项目旁，写满了密密麻麻的阿拉伯数字。根据多年的经验，他不紧不慢地提出："贵公司对每辆车支付的加工费是多少？总额又是多少？"对方回答："每辆车10万日元，计4.84亿日元。"日方接着反问道："贵国报价是多少？"中方立即回答："每辆16万日元，此项共计9.4亿日元。"精明强干的日方主谈人与其副手耳语了一阵，问："贵国报价的依据是什么？"中方主谈人将车辆损坏后各部件需如何修理、加固、花费多少工时等逐一报价。"我们提出的这笔加工费并不高。"接着中方代表又用了欲擒故纵的一招："如果贵公司感到不合算，派员维修也可以。但这样一来，贵公司的耗费恐怕是这个数的好几倍。”这一招很奏效，顿时把对方将住了。日方被中方如此精确的计算所折服，自知理亏，转而以恳切的态度征询：“贵国能否再压低一点。”此刻，中方意识到，就具体数目的讨价还价开始了。中方答道：“为了表示我们的诚意，可以考虑贵方的要求，那么，贵公司每辆出价多少呢？”“12 万日元。”日方回答。“13.4 万日元怎么样？”中方问。“可以接受。”日方深知，中方在这一问题上已作出了让步。于是双方很快就此项索赔达成了协议。日方在此项目费用上共支付 7.76 亿日元。

然而，中日双方争论索赔的最大数额的项目却不在此，而在于高达几十亿日元的间接经济损失赔偿金。在这一巨大数目的索赔谈判中，日方率先发言。他们也采用了逐项报价的做法，报完一项就停一下，看看中方代表的反应，但他们的口气却好似报出的每一个数据都是不容打折扣似的。最后，日方统计出可以给中方支付赔偿金 30 亿日元。中方对日方的报价一直沉默不语，用心揣摩日方所报数据中的漏洞，把所有的“大概”“大约”“预计”等含糊不清的字眼都挑了出来，有力地抵制了对方所采用的混水摸鱼的谈判手段。

在此之前，中方谈判班子昼夜奋战，分析计算。因此在谈判桌上，我方报完每个项目的金额后，都讲明这个数字测算的依据。最后我方提出间接经济损失费为 70 亿日元！

日方代表听了这个数字后，惊得目瞪口呆，老半天说不出话来，最后连连说：“差额太大，差额太大！”于是，进行无休止的报价、压价。

“贵国提的索赔额过高，若不压半，我们会被解雇的。我们是有妻儿老小的……”日方代表哀求着。老谋深算的日方主谈人使用了哀兵制胜的谈判策略。

“贵公司生产如此低劣的产品，给我国造成多么大的经济损失啊！”中方主谈接过日方的话头，顺水推舟地使用了欲擒故纵的一招：“我们不愿为难诸位代表，如果你们作不了主，请贵方决策人来与我们谈判。”双方各不相让，只好暂时休会。这种拉锯式的讨价还价，对双方来说都是一种毅力和耐心的较量。因为谈判桌上，率先让步的一方就可能被动。

随后，日方代表急用电话与日本 S 公司的决策人密谈了数小时。接着谈判重新开始。此轮谈判一开始就进入了高潮，双方舌战了几个回合，又沉默下来。此时，中方意识到，己方是实际经济损失的承受者，如果谈判破裂，就会使已获得的谈判成果付诸东流；而要诉诸法律，麻烦就更大。为了使谈判已获得的成果得到巩固，并争取有新的突破，适当的让步是打开成功大门的钥匙。中方主谈人与助手们交换了一下意见，率先打破沉默说：“如果贵公司真有诚意的话，彼此均可适当让步。”中方主谈为了避免由于己方率先让步所带来的不利局面，建议双方采用“计分法”，即双方等量让步。“我公司愿意付 40 亿日元。”日方退了一步，并声称：“这是最高突破数了。”“我们希望贵公司最低限度必须支付 60 亿日元。”中方坚持说。

这样一来，中日双方各自从己方的立场上退让了 10 万日元。双方比分相等。谈判又出现了转机。双方界守点之间仍有 20 亿日元的逆差（一个界守点对双方来说，都是虚设的。更准确地说，这不过是双方的一道最后争取线。该如何解决这“百米赛程”最后冲刺阶段的难题呢？双方的谈判专家都是精明的，谁也不愿看到一个前功尽弃的局面）。几经周折，双方共同接受了由双方最后报价金额相加除以 2，即 50 亿日元的最终谈判方案。

除此之外，日方愿意承担下列三项责任：

（1）确认出售给中国的全部 FP－148 型货车为不合格品，同意全部退货，更换新车；

（2）新车必须重新设计试验，精工细作，制作优良，并请中方专家检查验收；

（3）在新车未到之前，对旧车进行应急加固后继续使用，日方提供加固件和加固工具等。

一场特大索赔案终于公正地交涉成功了！

问：双方之间各采取了什么策略？

四、能力拓展

根据下列资料制订一份索赔谈判方案。

谈判A方：KLL工厂（卖方）　　　　谈判B方：FLP工厂（买方）

案例背景：

FLP和KLL工厂是两个长期合作的伙伴，KLL是FLP的模具供应商，他的模具供给量占FLP工厂使用模具的80%。但是，KLL的模具最近一直有质量问题，给FLP工厂造成了大量的额外损失。当初两厂签订的协议中规定：KLL提供的模具合格率达到95%以上便可。但是这是一条有歧义的条款。

实际上正是由于KLL生产的所有模具中的那不合格的5%造成了FLP工厂巨大的损失。FLP知道自己一下子不可能完全抛开这个供应商，KLL当然也不想失去FLP这个大客户。FLP提出，先前由于KLL的次品导致的损失必须由KLL承担，赔偿损失500万元人民币。而KLL坚持认为FLP的质检部门在接受KLL工厂的模具时就应该看清楚，如果是次品可以退货，而不是等到进了工厂投入使用以后才发现有问题，因而他们拒绝承担损失，双方交涉多次都没有达成协议。最后导致双方的高层领导开始过问此事。FLP采购部和KLL销售部的经理迫于压力约定本周末碰面，准备通过谈判对此事做一个了断。双方谈判代表都非常清楚，如果谈不成，回去肯定会受到领导斥责。

谈判目标：

（1）商议与95%以上合格率这一条款有关的损失的责任。

（2）商议KLL赔偿FLP工厂损失的事宜。

阅读：国际商务谈判策略与技巧介绍

F 附录 各国风俗与禁忌

古人曰："入境而问禁，入国而问俗，入门而问讳。"这也是当今商务交往的一条原则。在全球化的生意场上，不同民族的文化造就了不一样的风俗与禁忌。深刻理解各国商务礼仪与禁忌，不但有助于认识世界、扩大视野，而且对生意的成功有着不可忽视的作用。以下对部分国家的风俗与禁忌进行总结。

（一）美国的风俗与禁忌

视频：商务沟通与谈判技巧（以美国客户为例）　　视频：商务沟通与谈判技巧（以美国市场为例）

1. 称呼方式。

多数美国人不爱用先生、夫人、小姐、女士之类的称呼，喜欢别人直接叫自己的名字，并视为亲切友好的表示。美国人很少用正式的头衔来称呼别人，在各种事务活动中普遍使用名字，办公室的男女职员喜欢人们以他们的名字相称。在使用"小姐（Miss）""女士（Ms）"这两种称呼时，一般与姓氏连用，"女士"在美国越来越流行，对于已婚、未婚女生都适用，尤其是不能确定应该称其"小姐"还是"女士"时，使用"女士"来称呼最为保险。初次与美国人会面，出于尊敬，可以单用"先生（Sir）"或"女士（Madam）"来称呼对方；开始交谈时，可用姓氏来称呼对方；在谈话过程中，完全可以用名字彼此称呼。

2. 准时赴约。

准时赴约是商业活动中的一个基本准则。美国是个快节奏的国家，时间观念特别强，他们最反感不准时赴约。如果相约之人姗姗来迟，造成他们无端等候，必会认为是在浪费他们的时间，产生不好的印象。如果因特殊情况难以脱身，应打电话告诉相约者，免得对方等候。一般情况下不要改约，如要改约，可提前通知对方，以便对方及早做出其他安排。

3. 小费文化。

小费是美国经济文化的一部分。付小费被认为是对服务人员提供服务的尊重和酬劳。付小费的方式可根据当地习惯灵活运用。例如，不必找零钱，或将小费置于茶盘、酒杯下面，或塞在招待员手中。有些旅馆、饭店账单上列有10%到15%的服务费，可不付小费。但其他服务，如帮助叫出租车、开车门、取存衣帽、代搬行李以及旅馆看门人、服务员，还得付不低于1美元的小费。但对政府公务员、客机上的机组人员等，是不必付小费的。

4. 谈判风格。

尽管美国人的谈判风格在东部、中西部、西部和南部商业圈里有所不同，但一般的特点都是喜欢开门见山，直截了当，言语简洁，以进攻性的方式推进谈判。在谈判中不断地发表自己的见解和看法，常使对手感到压力，在心理上被压倒。他们性格坦率，真挚热情，既有唇枪舌剑的进攻，又不会造成谈判桌上的紧张气氛；一旦认为条件适合即迅速做出是否合作的决定，通常在很短的时间内就可以做成一大笔生意。

5. 禁忌。

第一，美国人忌讳13这个数字，交往过程中要注意对这个数字的避让。第二，不要称黑人为“Negro”。Negro是英语“黑人”的意思，尤指从非洲贩卖到美国为奴的黑人，含有蔑视的意味。最好用“Black”一词，黑人对这个称呼会坦然接受。第三，不能随便说“I am sorry”。“I am sorry”和“Excuse me”都是“抱歉”“对不起”的意思，但“I am sorry”语气较重，表示承认自己有过失或错误。如果为了客气而轻易出口，常会被对方抓住把柄，追究实际不属于你的责任。第四，忌过于谦虚。中国人视谦虚为美德，但是美国人却把过谦视为虚伪的代名词。如果一人自谦说英语讲得不好，接着又说出一口流畅的英语，美国人便会认为他撒了谎，是个口是心非、装腔作势的人。所以，同美国人交往，应该大胆说出自己的能力，不必谦虚客气。

（二）英国的风俗与禁忌

视频：商务沟通与谈判技巧（以西欧客户为例）

1. 注重形象。

在日常生活中，英国人注意仪表，讲究穿着。男士每天都要刮脸，凡外出进行社交活动，都要穿深色的西服，但忌戴条纹的领带。女士则穿套装或连衣裙。英国人的见面礼是握手礼，戴着帽子的男士在与英国人握手时，应该先摘下帽子。切勿与英国人交叉握手，因为那样会构成他们认为晦气的十字形，也要避免交叉干杯。与英国人交谈时，应注视着对方的头部，并不时与之交换眼神。与人交往时，注重使用“请”“谢谢”“对不起”等词语。

2. 女士优先与绅士风度。

在英国，尊重女士是体现绅士风度的一个重要方面。女士优先是一个人人皆知的行为准则。在通常情况下，英国人总是把女士放在优先考虑的地位。如果一起进房间，男士要替女士开门。在街上行走或过马路时，男士要走在女士身旁靠来车方向的一侧。在宴会上，主人把客人领进客厅时，如果客人是位女士，她进客厅时，厅中的男士都要站起来以示敬意。如果主人的女儿在，他要把客人给女儿作介绍。通常是把男士介绍给女士，除非男士年长得多或地位高得多。不管进入客厅的是男士还是女士，在客厅里就座的女士都不必起身为礼。宴会开始，男士要为女士拉开椅子，帮女士入座。

然而有些英国人慨叹，在对待女士的礼遇方面，如今世风已不如以前。据说是因为女人在选举、就业、工资待遇和接受高等教育方面获得了与男人平等的权利，她们就不再需要以往的那种照顾了。看来，对女士的礼貌是出于男士觉得女士需要保护。

3. 谈判风格。

在商务谈判中，英国人说话、办事都喜欢讲传统、重程序，对于谈判对手的身份、风度和修养，他们看得很重。通常英国商人不太重视谈判的准备工作，他们善于简明扼要地阐述立场，陈述观点；在谈判中，表现更多的是沉默、平静、自信、谨慎，而不是激动、冒险和夸夸其谈。他们宁愿做风险小、利润也少的买卖，不喜欢做冒大风险、赚大利润的买卖。

4. 禁忌。

在英国从事商务活动，对以下特殊礼俗和禁忌应加以注意：

第一，不要随便闯入别人的家，但若受到对方的邀请，则应欣然前往。这无疑可理解为对方向自己发出商务合作可能顺利实现的信号。在访问时，最好不要涉及商务，不要忘记给女士带上一束鲜花或巧克力。第二，忌讳数字“13”和“3”，忌讳用同一根火柴给第3个人点烟。第三，给英国女士送鲜花时，宜送单数，不要送双数和13枝，不要送英国人认为象征死亡的菊花和百合花。第四，不要以英国皇室的隐私作为谈资。英国女王被视为其国家的象征。第五，忌用人像、大象、孔雀作服饰图案和商品包装。他们认为大象是愚笨的，孔雀是祸鸟，孔雀开屏被认为是自我吹嘘和炫耀。第六，和英国人坐着谈话时，忌讳两腿张得过宽，更不能跷起二郎腿；站着谈话时不要把手插入衣袋；不要当着他们的面耳语和拍打肩背；忌讳用手捂嘴看着他们笑，这被认为是嘲笑人的举止。第七，忌将任何英国人都称“英国人（English）”。因为“英国人”原意是“英格兰人”，不包括威尔士人或北爱尔兰人。“不列颠（British）”这个称呼则能让所有的英国人都能感到满意。

（三）法国的风俗与禁忌

1. 生活礼节。

法国人喜爱花，生活中离不开花，特别是探亲访友、应约赴会时，总要带上一束美丽的鲜花。人们在拜访或参加晚宴的前夕，总是送鲜花给主人。切记不要送菊花、牡丹花、康乃馨及纸花。送花时要注意，送花的支数不能是双数，要单数；但不能是13朵，因为法国人也忌讳“13”。他们不住13号房间，不在13日这天外出旅行，不坐13号座位，更不准13个人共进晚餐。在商务上，男士不宜向女士赠送香水，也不要送刀、剑、刀叉、餐具之类；而香槟酒、白兰地、糖果等，都是不错的选择。一些有艺术性和美感的礼品如唱片、画或一些书籍，如传记、历史、评论及名人回忆录等会很受欢迎。

2. 交易习惯。

恰当有礼的信函是法国商务的重要一环。在见面的过程中，对每个人的级别称谓都要说得准确和得体，而自己的身份也要清清楚楚地列在名片上。法国商人保守而正式，为了确保日程的适宜，事先预约总是十分必要的。商务活动宜穿保守式西装。握手是开始或结束商务谈判的标志，伴以向对方传达适度的问候，多握几次更好。但不要询问对方的家事，商业机密就更为敏感。

3. 谈判风格。

法国人在贸易谈判中立场极为坚定，坚持谈判中使用法语，明显地偏爱横向式谈判。就是说，他们喜欢先为协议勾划出一个轮廓，然后再达成原则协议，最后确定协议上的各个方面。他们都具有戴高乐式的依靠坚定的“不”字以谋取利益的高超本领。所以，法国人商谈时作出决定的速度较慢。

（四）德国的风俗与禁忌

1. 社交礼仪。

在德国社交场合与客人见面时，一般行握手礼。与德国人握手时必须注意两点：一是握手要用右手，伸手动作要大方，且握手时务必要坦然地注视对方；二是握手的时间宜稍长一些，晃动的次数宜稍多一些，握手时所用的力度宜稍大一些。如果对方身份高，则须得他先伸手，再与之握手，而与熟人、朋友和亲人相见时，一般行拥抱礼。

重视称呼是德国人在人际交往中的一个鲜明特点。一般情况下，切勿直呼德国人的名字，可以仅称其姓，或用“先生”“女士”等称呼对方。在与客人打交道时，他们更乐于对方称呼他们的头衔，但他们并不喜欢听恭维话。与德国人交谈，切勿疏忽对“您”与“你”这两种人称代词的使用，称“您”表示尊重，称“你”则表示地位平等，关系密切。对德国人称呼不当，通常会令对方大为不快。

2. 服饰礼仪。

在商务活动中，德国商人讲究穿着打扮。一般男士穿深色的三件套西装，打领带，并穿深色的鞋袜。女士穿长过膝盖的套裙或连衣裙，并配以高统袜，化淡妆。不允许女士在商务场合穿低胸、紧身、透明的性感上装和超短裙；也不允许她们佩戴过多的首饰（不超过一件）。

3. 送礼习俗。

在商务交往中，送礼之风盛行。应邀到德国人家里做客，最好带点礼品。在德国不兴厚礼，一瓶香水、一条领带、一张贺卡、自制的蛋糕等都是送人的最好礼物。但不宜选择刀、剑、剪、餐刀和餐叉，以免所送的礼物伤害到你们之间的友谊。德国人对礼品的包装纸特别讲究，忌用白色、黑色或咖啡色的包装纸装礼品，更不要使用丝带作外包装。去德国人家，鲜花是送给女主人的最好礼物，但必须要单数，一般五朵或七朵即可。不宜选择玫瑰或蔷薇，因为前者表示求爱，后者则专用于悼亡。收到礼品后，德国人会马上打开看，并向送礼人表示感谢。

4. 谈判风格。

德国人勤勉矜持，讲究效率，崇尚理性思维，时间观念强。他们不喜欢拖拖拉拉、不守纪律和不讲卫生的坏习气。在商务谈判中，德国商人不仅讲效率，而且准备周详，瞧不起“临阵磨枪”缺乏准备的对手；喜欢在商谈前即准确地做好谈判议程安排。在谈判中他们倔强好胜，表现得较为固执，难以妥协，因而交易中很少让步。但他们重合同，讲信誉，对合同条文研究得极为仔细与透彻，合同一旦签订，任何对合同的更改要求都不会得到他们的理会。他们执行合同也十分严格。

视频：商务沟通的
谈判技巧
（以日本客户为例）

（五）日本的风俗与禁忌

1. 社交礼仪。

与日本商界打交道，要注意服饰、言谈、举止的风度。与日本人初次见面，应互相鞠躬，互递名片，一般不握手。没有名片就自我介绍姓名、工作单位和职务，如果是老朋友或者是比较熟悉的就主动握手或拥抱。他们常用的寒暄语是“您好”“您早”“再见”“请休息”“晚安”“对不起”“拜托您了”“请多关照”“失陪了”等。日本人鞠躬很有讲究，往往第一次见面时行“问候礼”，是30度；分手离开时行“告别礼”，是45度。日本人盛行送礼，每年的“岁暮”和“中元”是送礼最多的时候。他们既讲究送礼，也讲究还礼。不过日本人送、还礼一般都是通过运输公司的服务员送上门的，送礼与受礼的人互不见面。

2. 谈判风格。

在商务谈判中，应切记的是，如果日商在你阐述意见时一直点头，并不表示他同意你的主张和看法，而仅仅表示他已经听见了你的话。他们在签订合同前一般都很谨慎，历时也很长，很重视合同的履行，同时对对方履行合同也很苛求。因此，同日商签订合同应十分仔细，事前最好有中间人介绍，在合同签订前仔细审查，完全理解每一条款的准确含义，以免以后造成纠纷。

3. 禁忌。

日本人不喜欢偶数（8例外）。在贸易谈判时，要照顾他们的感情，尽可能不用偶数。由于日语发音中“4”和“死”相似，“9”与“苦”相近，因此，忌讳用4、9等数字。此外，13、14、19、24、42等数字也在忌讳之列，还忌讳三人合影。日本不流行家宴，商界的宴会普遍是在大宾馆举行鸡尾酒会，也难得让女士参加。商界人士没有携带夫人出席宴会的习惯。日本人没有相互敬酒的习惯，因此与日本人一起喝酒，不宜劝导他们开怀畅饮。日本人接待客人不是在办公室，而是在会议室、接待室。他们不会轻易让人进入机要部门。送花给日本人时，忌送白花（象征死亡），也不能把玫瑰和盆栽植物送给病人。菊花是日本皇室专用的花卉，民间一般不能赠送。

（六）韩国的风俗与禁忌

1. 社交礼仪。

在正式交际场合，韩国人一般都采用握手作为见面礼节。韩国妇女一般不与男子握手，而往往代之以鞠躬或点头致意。韩国人在不少场合有同时采用先鞠躬后握手的方式。同他人告别时，若对方是有地位、身份的人，韩国人往往要多次行礼达三五次之多。一般情况下，韩国人在称呼他人时爱用尊称和敬语，称呼对方头衔。韩国人非常讲究预先约定，遵守时间，并且十分重视名片的使用。

2. 服饰礼仪。

韩国人对在社交场合的穿着打扮十分在意。在交际应酬中，通常穿着西式服装。邋里邋遢、衣冠不整、着装过于暴露都让人看不起。在逢年过节或某些特定场合，韩国人往往会穿自己本民族的传统服装：男子上身穿袄，下身穿宽大的长裆裤，或加上一件坎肩，甚至再披上一件长袍。韩国妇女则大都上穿短袄，下着齐胸长裙。

3. 谈判风格。

在商务交谈中，至关重要的是首先建立信任和融洽的关系，否则谈判要持续好长时间。尤其是在韩国进行长期的业务活动，需要多次访谈才能奏效。此外，在商务交往中，韩国人比较敏感，也比较看重感情。只要感到对方稍有点不尊重自已，生意就会告吹。韩国人重视业务中的接待，宴请一般在饭店举行，吃饭时所有的菜一次上齐。饭后有时会邀客人到歌舞厅娱乐、喝酒，拒绝是不礼貌的。

视频：商务沟通与谈判技巧（以北欧客户为例）

视频：商务沟通与谈判技巧（以拉美客户为例）

视频：商务沟通与谈判技巧（以巴西为例）

视频：商务沟通与谈判技巧（以东南亚客户为例）

视频：馈赠礼物时应考虑的因素（上）

视频：馈赠礼物时应考虑的因素（下）

参考文献

1. 李品媛．现代商务谈判，东北财经大学出版社，2007.

2. 李爽．商务谈判，清华大学出版社，2007.

3. 易开刚．现代推销学，上海财经大学出版社，2008.

4. 蒋佩蓉，李佩仪著．商务礼仪与沟通，中华工商联合出版社，2012.

5. 魏薇．销售礼仪与沟通技巧培训全书，中国纺织出版社，2012.

6. 方明亮，刘华主编．商务谈判与礼仪，科学出版社，2011.

7. 翟子玉．国际商务礼仪要点［J］．理财．2009（04）.

8. 熊越强．对商务礼仪课程实践教学模式的探索［J］．商场现代化．2008（10）.

9. 陈要勤．高职商务日语专业开设商务礼仪课必要性探析［J］．番禺职业技术学院学报．2007（02）.

10. 李少伟．从文化层面探究中西商务礼仪的差异［J］．商场现代化．2007（17）.

11. 金正昆．商务礼仪简论［J］．北京工商大学学报（社会科学版）．2005（01）.

12. 吕维霞，刘彦．现代商务礼仪．第 2 版［M］．对外经济贸易出版社，2006.